Das Hildegard von Bingen Kochbuch

Sonja Carlsson

Das Hildegard von Bingen Kochbuch

Die besten Rezepte der Hildegard-Küche

Seehamer Verlag

Bildnachweis

Bildseite 1: Obatzter, Rotkäppchen/Herbert Wirths-PR
Bildseite 2: oben: Kräutersuppe, Kanne Brottrunk/Herbert Wirths-PR
unten: Eier in Kräutersauce, Surig Essig-Essenz/Fiedler-PR
Bildseite 3: oben: Kohlrabi mit Hähnchenfüllung, Leistungsgemeinschaft Deutscher Hähnchenerzeuger/GCI Ringpress
unten: Avocadosalat, Sojaöl/Dr. Muth-PR
Bildseite 4: oben: Herzhafte Dinkelpfannkuchen, Bad Heilbrunner/Wirths-PR
unten: Lammpfanne, Kanne Brottrunk/Wirths-PR
Bildseite 5: oben: Hähnchensalat, GCI Ringpress
unten: Thunfischsalat, Zotarella/Wirths-PR
Bildseite 6: oben: Gebackene Pilze, Milchwerk Geislingen
unten: Dinkelnocken auf Rosenkohlgemüse, Milchwerk Geislingen/Fiedler PR
Bildseite 7: oben: Zanderfilet mit Basilikumsauce, Milchwerk Esslingen-Geislingen/ Fiedler PR
unten: Gratinierte Zucchinischiffchen, Milchwerk Geislingen/Fiedler PR
Bildseite 8: oben: Sommersalat mit Beeren und Käse, Milchwerk Geislingen/Fiedler-PR
unten: Salat mit Pilzen und Käse, Milchwerk Geislingen/Fiedler-PR
Der Verlag dankt den genannten Firmen für die freundliche Unterstützung
bei der Entstehung dieses Buches.

© 1998 Seehamer Verlag GmbH, Weyarn
Alle Rechte vorbehalten
Umschlaggestaltung: Bine Cordes, Weyarn
Umschlagmotiv: Peter Kölln, Köllnflockenwerke und
Bildagentur Mauritius
Produktion: Dr. Reitter & Partner, Vaterstetten
Satz: Dr. Reitter & Partner, Vaterstetten
Printed in Austria
ISBN 3-932131-46-0

Inhalt

Vorwort 7

Einleitung 9

Wer war Hildegard von Bingen? 9

Das Lebenswerk der heiligen Hildegard
und ihre Bücher 13

Hildegard als Kind ihrer Zeit 20

Die Ernährungslehre der heiligen Hildegard 26

Die vier Elemente, die Säftelehre und die Subtilität der
Nahrungsmittel 26

Was Hildegard über den Körper und den
Stoffwechsel wußte 30

Was Hildegard über die Lebensmittel und ihre
Wirkung wußte 38

Die Hildegard-Ernährungslehre unter
modernen Aspekten 46

REZEPTE 49

Frühstück 51

Zwischenmahlzeiten 61

Suppen und Eintöpfe 69

Kalte und warme Vorspeisen 87

Salate 97

Saucen und Dips 119

Hauptgerichte 129

Desserts 185

Brot, Brötchen und Gebäck 195

Der Hildegard-Ernährungsplan für 7 Tage 202

Register 225

Vorwort

Hildegard von Bingen, auch als die »heilige Hildegard« bezeichnet, wurde im Jahre 1098 geboren und erreichte das stolze Alter von 81 Jahren. Das war im frühen Mittelalter recht selten, und dieses Alter liegt auch heute noch über der durchschnittlichen Lebenserwartung einer Frau in unseren Breiten. Obwohl Hildegard eine kränkliche Natur hatte und zahlreiche Krankheiten durchmachte, kam sie immer wieder zu Kräften. Dabei gewann sie mit den Jahren und wohl auch durch ihre Krankheiten an innerer und geistiger Stärke. Nur so lassen sich die Empfehlungen erklären, die Hildegard für den Gesunden und den Kranken ausspricht.
Hildegard war und ist ein Phänomen: Ihre göttliche Gabe, Dinge zu sehen, die »normale« Menschen nicht sehen, ihre empfindliche Seele und ihr menschliches Wesen machten sie zur bedeutendsten Mystikerin des Mittelalters. Sie hinterließ uns einen unschätzbaren Fundus an Wissen, den sich die Naturheilkunde von Anfang an zunutze machen konnte und der gerade heute wieder auflebt, in einer Zeit, in der viele Menschen mit der Schulmedizin nicht mehr viel anfangen können und »zurück zur Natur« wollen. Vieles, was Hildegard empfahl, hat noch immer Gültigkeit. Das trifft für die Heilwirkung von Pflanzen zu, in besonderem Maße aber für die Heilwirkung unserer Nahrungsmittel. So mancher mag wohl schmunzeln, wenn er Hildegards Ratschläge zu den einzelnen Nahrungsmitteln oder von ihren Vorstellungen über das Innere des menschlichen Körpers liest. Doch angesichts der medizinischen und ernährungswissenschaftlichen Erkenntnisse im frühen Mittelalter sind Hildegards Empfehlungen bemerkenswert: weise und durchdacht, für damalige Verhältnisse logisch und sinnvoll und oft sogar sehr detailliert beschrieben. Vor allem sah Hildegard damals nicht nur den Menschen in seiner

Beziehung zu Gott (eine für das Mittelalter typische dualistische Denkweise), sondern auch in seiner Beziehung zur Natur, die sie als »Kosmos« bezeichnet. Ihr war klar, daß die Natur das Leben pur ist. Viele unserer Zeitgenossen haben das noch immer nicht begriffen und gehen sehr schäbig mit ihr um! Hildegard sagte, daß nur eine intakte Natur den Menschen am Leben erhalten kann. Und sie erkannte, daß diese einzigartige Natur einzigartige Lebensmittel hervorbringt, die der Mensch zu seinem Wachsen und Gedeihen nutzen kann. Was gibt den Supergescheiten des 20. Jahrhunderts das Recht, über das Wissen unserer Vorfahren zu lächeln? Wie viele gute alte Ratschläge unserer Großmütter gelten auch noch heute? Sind wir nicht froh, daß wir sie bewahrt haben?

Hildegard war nicht nur eine bedeutende Wegbereiterin für die Naturheilkunde, sie veränderte in gewisser Weise auch die Rolle der Frau. Obwohl sie Klosterschwester war und sich zum Gehorsam verpflichtete, sah sie ihren Gehorsam als Pflicht einzig und allein Gott gegenüber. Im öffentlichen Leben stellte sie sich resolut und entschlossen dar. Sie hatte ihre eigene Meinung und äußerte sie auch. Gerade deshalb war Hildegard beliebt, ihre Meinung und ihr Rat waren bei weltlichen und geistlichen Leuten gleichermaßen geschätzt. Hildegard nahm die Frauen in Schutz, gestand ihnen Schwäche und Empfindsamkeit zu, lehnte es aber ab, die Frauen wegen Evas Ungehorsam im Paradies zu Sünderinnen zu erklären. Gerade im Mittelalter konnte eine Frau schnell als Sünderin hingestellt werden und endete so nicht selten als Hexe auf dem Scheiterhaufen.

Wer Hildegard von Bingen noch nicht kennt, sollte sie kennenlernen. Warum nicht durch dieses Kochbuch? Je länger man sich mit der Geschichte und dem Wissen dieser schillernden Frau befaßt, desto mehr wird man von ihr fasziniert.

Einleitung

Wer war Hildegard von Bingen?

Hildegard wurde im Jahre 1098 in Bermersheim bei Alzey im Bistum Mainz geboren. Sie war das zehnte und letzte Kind der Eltern Mechthild und Hildebert von Bermersheim, die zu den angesehensten Adelsfamilien der Region zählten. Hildegard war schon als kleines Kind sehr zart und oft kränklich, was man auf ihren sensiblen Organismus und ihr empfindliches Nerven- und Wahrnehmungssystem zurückführt
Witterungseinflüsse, seelische Belastungen und auch bestimmte Nahrungsmittel konnten bereits dazu führen, daß Hildegard ernsthaft krank und bettlägerig wurde.
Trotz der schwachen Gesundheit galt sie als hellwaches und aufgewecktes Kind, das schon frühzeitig Dinge wahrnahm, die anderen verborgen blieben. Diese Übersensibilität und Empfindsamkeit müssen der Auslöser für feinste Wahrnehmungen gewesen sein und dürften auch dafür verantwortlich gewesen sein, daß sich ihr Dinge offenbarten, die als übersinnlich gedeutet werden müssen und nach kirchlicher Auffassung ganz offensichtlich göttlichen Ursprungs waren. Hildegards kränkliches Wesen und ihre ganze Art, die sie so sehr von anderen Kindern unterschied, unterstützten den Entschluß der Eltern, sie nach den damaligen Gepflogenheiten des Hochadels als »Zehent« der Kirche zu weihen. Außerdem folgten sie damit dem Brauch in Adelsfamilien, Kinder, die nicht zur Heirat oder als Erben vorgesehen waren, ins Kloster zu geben. Die Eltern vertrauten also Hildegard im Alter von acht Jahren ihrer Verwandten an, der Meisterin Jutta von Spanheim, die sich für ein Leben als Klausnerin (Klosterschwester in strenger Abgeschiedenheit) in einer Klause entschieden hatte, die dem Mönchskloster auf dem Disibodenberg angegliedert war. Hilde-

gard wurde dort für das geistliche Leben nach der Benediktusregel erzogen, legte zwischen 1112 und 1115 das Benediktinergelübde ab und empfing von Bischof Otto von Bamberg den geweihten Schleier. Sie entschied sich nie für das weltabgewandte Leben einer strengen Klausnerin, das hinter zugemauerten Türen verläuft. Im Gegenteil: Hildegard trat in die Öffentlichkeit und beeinflußte das kirchliche, gesellschaftliche und politische Leben ihrer Zeit ganz entscheidend.

Schon in früher Kindheit – seit etwa dem 5. Lebensjahr, wie sie selbst berichtet – wurde ihr Leben von einer seherischen Eigenschaft bestimmt. Sie besaß die besondere Gabe, Visionen zu haben, Dinge zu sehen, die ihr Leben und Wirken ganz entscheidend prägten. Diese Visionen, die in der Literatur auch als »Schauungen« bezeichnet werden, nannte Hildegard »Gesichte«. Sie dachte anfangs gar nicht daran, daß diese Gesichte etwas Besonderes seien, das sie anderen Menschen mitteilen sollte. Bis zu einem Alter von 15 Jahren hielt sie das Ganze für nichts Außergewöhnliches. Schließlich wurde ihr aber bewußt, daß andere Menschen keine Visionen hatten, sie zog sich in sich zurück und schwieg. Lange Zeit sprach sie mit niemandem über ihre prophetische Gabe. Nur die Meisterin Jutta und ihr Lehrer, der Magister Volmar, ein Mönch, wußten um Hildegards Gabe der Vision. Hildegard war sich sicher, daß ihr diese Fähigkeit von Gott gegeben worden war. Sie schreibt darüber in autobiographischen Notizen:

»Bei meiner ersten Gestaltung, als Gott mich im Schoß meiner Mutter durch den Hauch des Lebens erweckte, prägte er meiner Seele dieses Schauen ein.«

Hildegard war eine eifrige und engagierte junge Nonne, die sich von einer Schülerin zur Lehrmeisterin und Wegbereiterin auf allen Höhenpfaden der Tugenden entwickelt hat. Die Klause auf dem Disibodenberg wurde unter Juttas Leitung schließlich zu einem kleinen Kloster. Als Jutta 1136 starb, wurde Hildegard von den Schwestern des Konvents zur Nachfolgerin und zu ihrer »geistlichen Mutter« gewählt. Viele Jahre unterdrückte Hildegard ihr Bedürfnis, ihre Schauungen, die »Gesichte«, ihren Mitmenschen mitzuteilen. Sie hielt sich selbst für ein »armseliges Weibsbild«, wie sie es ausdrückte, mit »unbeholfenem Latein« und des Schreibens unkundig. Hildegards Weigerung, ihre »Gesichte« anderen mitzuteilen, wurde 1141 schließlich von göttlicher Macht einer Prüfung unterzogen – zu diesem Schluß jedenfalls kam Hildegard, als sie schwer erkrankte. Ihr Gott offenbarte sich in einem feurigen Licht, das vom Himmel kam und ihren Körper wärmend durchströmte.

»Und siehe! Im dreiundvierzigsten Jahre meines Lebenslaufes schaute ich in ein himmlisches Gesicht. Ich sah einen sehr großen Glanz. Eine himmlische Stimme erscholl daraus. Sie sprach zu mir: ›Gebrechlicher Mensch, Asche von Asche, Moder vom Moder, sage und schreibe, was du siehst und hörst! Doch weil du schüchtern bist zum Reden, einfältig zur Auslegung und ungelehrt das Geschaute zu beschreiben, sage und beschreibe es nicht nach der Redensweise der Menschen, nicht nach der Erkenntnis menschlicher Klügelei, noch nach dem Willen menschlicher Abfassung, sondern aus der Gabe heraus, die dir in himmlischen Gesichten zuteil wird: wie du es in den Wundern Gottes siehst und hörst ...‹ «

»Im Jahre 1141 ... kam ein feuriges Licht mit Blitzesleuchten vom offenen Himmel hernieder. Es durchströmte mein Gehirn und durchglühte mir Herz und Brust gleich einer Flamme, die jedoch nicht brannte, sondern wärmte, wie die Sonne den Gegenstand erwärmt, auf den sie ihre Strahlen legt. Nun erschloß sich mir plötzlich der Sinn der Schriften, des Psalters, des Evangeliums und der übrigen katholischen Bücher des Alten und Neuen Testamentes ...«

Hildegard war zutiefst erschrocken und fürchtete, daß ihr die Menschen keinen Glauben schenken würden. Sie weigerte sich zunächst noch zu schreiben und erkrankte schwer. Für sie war klar, daß Gott sie einer ernsten Prüfung unterzog, die sie dazu bringen sollte, seinem Auftrag zu folgen. Endlich begann sie, ihre Visionen niederzuschreiben, wobei ihr der lateinkundige Mönch Volmar behilflich war. Hildegard beschreibt sehr ausführlich und detailliert, was sie sieht und hört. Sie betont ausdrücklich, daß es sich nicht um Träume oder um Einbildungen oder Verrücktheiten handelt: »Die Gesichte, die ich schaue, empfange ich nicht in traumhaften Zuständen, nicht im Schlafe oder in Geistesgestörtheit, nicht mit den Augen des Körpers oder den Ohren des äußeren Menschen und nicht an abgelegenen Orten, sondern wachend, besonnen und mit klarem Geiste, mit den Augen und Ohren des inneren Menschen, an allgemein zugänglichen Orten, so wie Gott es will. Wie das geschieht, ist für den mit Fleisch umkleideten Menschen schwer zu verstehen.«

Abt Kuno riet ihr kundzutun, was Gott ihr eingebe. Auch die gesamte katholische Kirche stand hinter ihr. Sobald Hildegard mit dem Schreiben begann, wurde sie wieder gesund. Ihre Schwäche verlor sich, sie entwickelte große geistige Kräfte und Fähigkeiten. Ihr enormes Wissen machten sich hohe Würdenträger aus dem weltlichen und kirchlichen Bereich zunutze. Hildegard von Bingen stand Kaisern, Königen und Päpsten, aber auch dem breiten Volk mit Ratschlägen zur Seite. Sie wurde hochgeschätzt und war überall geachtet.

Im Jahre 1147 gründete Hildegard von Bingen ein eigenes Kloster auf dem Rupertsberg bei Bingen, in das nur adlige Frauen aufgenommen wurden. Ein zweites Kloster gründete sie 1165 in Eibingen. Damit war sie die einzige weibliche Klostergründerin im 12. Jahrhundert. Im Kloster Rupertsberg lebte und wirkte Hildegard, bis sie am 17. September 1179 starb. Selbst im hohen Alter war sie aktiv und geistig bei vollen Kräften. Hildegard wurde nicht offiziell heiliggesprochen. Die Kirche erkennt aber ihre göttlichen Visionen und ihr Wirken an. Für den Volksmund ist sie deshalb die Heilige Hildegard von Bingen. Über ihrem Sterbezimmer wurde am Himmel eine unerklärliche Lichterscheinung gesehen, so berichtet ihre Vita. Damit ging Hildegard ein in die Welt des ewigen Lichts.

Das Lebenswerk der heiligen Hildegard und ihre Bücher

Hildegards erstes großes Buch, das sie im Laufe von 10 Jahren (1141 bis 1151) verfaßte, heißt »Scivias« (Wisse die Wege). Es besteht aus drei Teilen und beinhaltet eine Glaubenskunde. Darin stellt Hildegard die gesamte Schöpfungs- und Erlösungsgeschichte bis zum jüngsten Tag dar. Das Buch ist eine Niederschrift ihrer Visionen, der mystischen »Gesichte«, die den Weg zur Erlösung, zum Licht, zeigen sollen.
Die darauffolgenden zwei Bücher sind keine Visionsschriften. Eines (1152 bis 1158) ist eine Naturkunde (»Liber simplicis medicinae« bzw. »Physica«), das andere befaßt sich mit der Heilkunde (»Liber compositae medicinae« oder »Causae et Curae«). Die »Physica« besteht aus neun Bänden mit insgesamt 513 Kapiteln oder Einzelbeschreibungen von pflanzlichen Heilmitteln. Besonders hervorzuheben ist ihr Buch über die einheimischen Fische. Es dürfte die originellste Aufzeichnung auf dem Gebiet der Tierkunde aus dem Mittelalter sein. Fachleute sind überzeugt, daß bis zu Beginn des 20. Jahrhunderts niemand die Fischfauna so genau beobachtet hat wie Hildegard von Bingen. In der »Physica« geht es um die Heilmittel der Natur. Dabei ist Hildegards Leitgedanke, daß die Natur nur dazu da ist, um vom Menschen genutzt zu werden. »Die ganze Natur soll dem Menschen dienen, so daß er mit ihr wirke, weil der Mensch ohne die Natur weder leben noch bestehen kann.« Das Werk »Causae et Curae« enthält eine Beschreibung wichtiger Krankheiten mit Behandlungsanleitungen, bei denen Heilkräuter im Mittelpunkt stehen. Dieses Werk ist eine bedeutende Quelle für das naturheilkundliche Wissen des frühen Mittelalters. Zahlreiche Ratschläge der Hildegard haben heute noch Gültigkeit.
Von 1158 bis 1163 arbeitete sie an ihrer zweiten großen Visionsschrift, dem »Buch der Lebensverdienste« (»Liber vitae meritorum«). Es handelt vom Menschen in der Verantwortung und stellt neben »Scivias« eine Lebenskunde dar. Dieses Buch zeigt in besonderem Maße die erstaunliche Menschenkenntnis und die

Darstellungskunst der heiligen Hildegard. 35 Paare von Tugenden und Lastern stehen sich darin gegenüber.

Das Fundament aller menschlichen Bemühungen und allen Wirkens ist für Hildegard die Gnade Gottes. Ohne sie gelingt nichts, es wird nichts bewirkt. Auf diesem Fundament stehen laut Hildegard sieben Säulen, sieben für die Entwicklung des Menschen grundlegende Eigenschaften. Hildegard beschreibt im dritten Teil ihres Buches »Scivias« diese sieben Säulen, die »die Wege zum Licht« erschließen sollen:

1. Der Glaube
Ohne den Glauben ist es schwer, einen Sinn im Leben zu finden. Der Mensch irrt orientierungslos wie im dichten Nebel. Wer an nichts mehr glauben kann, wird einsam, depressiv und fühlt sich verlassen. Vielfach versuchen die Menschen, den Glauben an Gott abzulegen, um sich freier zu fühlen. Doch meistens tritt das Gegenteil ein: Man engt sich ein und weiß in vielen Dingen keinen Ausweg. Nur der Glaube kann Freiheit bedeuten, denn durch ihn öffnen sich plötzlich Wege, die man ohne ihn nie gefunden hätte. Gleichzeitig gibt der Glaube auch die Kraft zum Festhalten. Wer einen Punkt festhält, hat Freiraum und gleichzeitig die Sicherheit, nicht verlorenzugehen. Mit dieser Sicherheit kann man Freiheit viel besser erleben und genießen. Wer diesen »Anker« nicht hat, verliert sich schnell ins Nichts.

2. Die Demut
Die Demut genießt heutzutage kein besonderes Ansehen – man unterwirft sich nicht gerne, weder dem Chef, noch dem Ehemann oder der Kirche. Doch Demut löst Zufriedheit aus. Wer hochmütig und selbstgefällig ist, kann sehr schnell und sehr tief fallen. Demut hat viel mit Bescheidenheit zu tun und eine echte Bescheidenheit kommt aus der Selbsteinschätzung des Menschen. Wer sich selbst geringschätzt, stellt an sich meist sehr hohe Maßstäbe. Da er diese Anforderungen nicht erfüllt, stuft er sich gering ein. Er stellt sein Licht unter den Scheffel. Bescheidene Menschen sind aber wertvolle Menschen, weil sie die menschlichen Werte er-

kennen und sie respektieren. »Wer sich erhöht, wird erniedrigt werden. Wer sich selbst erniedrigt, wird erhöht werden.« Angeber und Prahler gibt es in unserer Gesellschaft genug, wertvolle Menschen dagegen könnten wir noch gebrauchen.

3. Die Liebe
Sie ist wohl das höchste Gut der Seele und bedeutet für viele Menschen das absolute Lebensglück. Leider wird sie aber auch oft als Entschuldigung für viele Fehler mißbraucht. Wahre Liebe ist frei von Gewalt, Mißtrauen, Eifersucht und Boshaftigkeit. Wie viele Ehen gelten bei uns als Musterehen? Trotzdem schlagen Männer ihre Frauen, beschimpfen sie, prügeln die Kinder und haben nach außen eine völlig intakte und glückliche Vorzeigefamilie. Von Liebe keine Spur? Liebe ist vielfach trotzdem vorhanden, viele Menschen können sie nur nicht zum Ausdruck bringen, sie wird nicht bemerkt. Die Schwäche des Menschen dominiert, seine Erbärmlichkeit. Von Liebe allein kann man nicht leben, ohne sie aber auch nicht. Liebe wird oft in den Hintergrund gedrängt, weil Probleme für sie keinen Platz mehr lassen. Was dann bleibt, ist oft eine Leere, Verzweiflung über die Unfähigkeit, mit bestimmten Lebenssituationen fertigzuwerden.
Das zeugt von der Schwäche des Menschen. Das Leben hat nicht nur schöne Seiten, sondern bereitet oft schwere Probleme, die die stärkste Liebe auf eine harte Probe stellen und sie erschüttern können. Wir sollten versuchen, der Liebe immer einen festen Platz einzuräumen. Nur dann hat sie Bestand.

4. Die Gottesfurcht (Gottesehrfurcht)
Vor Gott Ehrfurcht zu haben, heißt nicht, sich vor ihm zu fürchten. Gott ist nicht der große, alte Mann mit dem weißen Bart, der aus den Wolken auf die Erde herabschaut und die Erde auslöschen könnte. Gott ist vielmehr in der Natur zu sehen – und vor diesem großartigen Werk muß man einfach Ehrfurcht haben. Die Natur zu schützen, ihre Schätze zu achten, sie nicht auszubeuten und zu zerstören – das ist zum Beispiel eine Art von Gottesfurcht.

5. Der Gehorsam
Er ist eine Grundtugend, gehört er doch unbedingt zu den Eigenschaften einer Klosterfrau. Gehorsam kann man nicht fordern, er muß freiwillig geleistet werden, ohne Zwang, ohne Drohung und ohne Angst vor Strafe. Wenn ein Kind nur dann den Eltern gehorcht, weil es eine Strafe fürchtet, dann handelt es sich nicht um Gehorsam, sondern um Angst. Doch Angst ist keine Basis für ein Vertrauensverhältnis. Gehorsam sollte auf der Basis von Glauben und Einsicht entstehen. Er sollte das Vertrauen ineinander stärken.

6. Die Keuschheit
Das ist bei Hildegard die Fähigkeit, sich schädlicher Gedanken zu enthalten, die Begierde und Laster nach sich ziehen. Heute wird sie meist nur mit Sexualität in Verbindung gebracht. Viele denken, keusch zu sein heißt Sexualität abzulehnen.
Dies wurde uns viel zu lange gepredigt, und Sexualität wurde mit Sünde in Verbindung gebracht. Die Ehe aber galt stets als heilig, und das Kinderkriegen ist seit Jahrtausenden der Sinn und das Privileg der Ehe. Aber ohne Sex keine Kinder. Geschlechtsverkehr war nur innerhalb einer Ehe gestattet.
Verfehlungen in diesem Bereich hat es immer gegeben. Wir müssen uns von den unsinnigen Vorschriften trennen, die kein normaler Mensch befolgen kann, die sogar Priester und Bischöfe nicht einhalten konnten und oft nicht können, weil sie gegen die Natur des Menschen sind. »Unkeusches« zu denken, zu tun und auszusprechen, galt immer als Sünde. Die Gedanken sind frei, man kann sie nicht verbieten. Doch kann man Einfluß darauf nehmen, ob ein Mensch gute und schlechte Gedanken hat. Wer den Menschen einengt, begünstigt schlechte Gedanken. Wer dem Menschen verbietet, an Sexualität zu denken, wer Sexualität zum Tabu macht, drängt den Menschen erst recht dazu, weil Verbote schon immer die Neugier weckten. Für Hildegard bedeutet Keuschheit, auf die innere Weisheit zu hören, die uns sagt, was gut und was schlecht ist. Sexualität ist das Normalste auf der Welt. Nur kann sie für den einen Menschen sehr wichtig sein, für den anderen eher weniger. Ignorieren kann sie keiner.

7. Die Hoffnung

Die Hoffnung ist eine mächtige Kraft des Menschen und doch ist sie so unscheinbar. Ein hoffnungsvoller Mensch denkt und wirkt immer positiv. Ist jemand voller Hoffnung und Zuversicht, strahlt dieses Lebensgefühl schnell auf andere aus. Anderen Hoffnung zu bringen, ist etwas sehr Wichtiges und Schönes. Ob es um gesundheitliche Probleme geht, ob um familiäre oder um finanzielle Dinge – es ist immer eine große Hilfe, einen aufmerksamen Zuhörer zu haben, der einem nur ein bißchen Hoffnung in einer schwierigen Situation geben kann. Hoffnung gibt Kraft für ganz außerordentliche Dinge – vor allem für das Leben. Nur wer voller Hoffnung ist, kann sein Leben wirklich meistern. Er wird niemals der Verlierer sein!

Wenn wir diese sieben Säulen zur Grundlage unseres Lebens machen, können wir uns seelisch weiterentwickeln. Wir erreichen die »Seelenkräfte«, die Hildegard die »sieben Worte Gottes« nennt. Es sind dies die Liebe zum Himmlischen, die Geduld, die Barmherzigkeit, die Zurückhaltung, der Sieg, die Schamhaftigkeit und die Sehnsucht. Auf der höchsten Stufe der seelischen Entwicklung werden diese Seelenkräfte vervollkommnet. Hildegard nennt die hierfür notwendigen Eigenschaften, die sieben Gotteskräfte: Seelenrettung, Hingabe, Hochherzigkeit, Wahrheit, Friede, Enthaltsamkeit und Zuversicht. Aus den sieben Säulen, den sieben Seelenkräften und den sieben Gotteskräften ist Hildegards »Gebäude der Tugenden« aufgebaut. Es ist das Haus, in dem der Mensch wohnen soll.
In dem späteren Werk, dem »Liber vitae meritorum« fügt sie diesen 21 Tugenden noch 14 weitere hinzu. Diesen 35 Tugenden stellt sie 35 Laster gegenüber. Sie spricht von »guten und schlechten Kräften«. Interessant ist, daß die Begriffspaare nicht unbedingt gegensätzlich sind (z. B. Gebet – Albernheit, Hingabe – Egoismus), die Hildegardsche Begriffswahl ist wesentlich feiner und tiefsinniger.

Gute Kräfte	**Schlechte Kräfte**
Gebet	Albernheit
Enthaltsamkeit	Völlerei
Hochherzigkeit	Verbitterung
Hingabe	Egoismus
Wahrheit	Täuschung
Friede	Streitsucht
Glückseligkeit	Unglücklichsein
Maßhalten	Maßlosigkeit
Seelenrettung	Preisgeben der Seele
Demut	Überheblichkeit
Liebe	Neid
Gottesfurcht	Stolz
Gehorsam	Ungehorsam
Glaube	Untreue
Hoffnung	Verzweiflung
Keuschheit	Zügellosigkeit
Gerechtigkeit	Ungerechtigkeit
Stärke	Bequemlichkeit
Zuversicht	Gottvergessenheit
Beständigkeit	Unbeständigkeit
Sehnsucht	Sorge
Reue	Uneinsichtigkeit
Weltverachtung	Habgier
Eintracht	Zwietracht
Ehrfurcht	Neugier
Stabilität	Wankelmut
Dienst an Gott	Böse Taten
Zufriedenheit	Geiz
Freude	Trübsal
Himmlische Liebe	Weltliche Liebe
Zurückhaltung	Kontrolliertheit
Schamhaftigkeit	Prahlerei
Barmherzigkeit	Hartherzigkeit
Sieg	Resignation
Geduld	Ungeduld

In den Jahren 1168 bis 1173/74 verfaßte Hildegard ihre dritte Visionsschrift, das Buch »Liber divinorum operum«, auch »De operatione Dei« genannt. Der Titel wurde mit »Welt und Mensch« übersetzt. Das Buch handelt von den Werken Gottes, der innigen Beziehung von Welt, Mensch und dem Schöpfergott und gilt als die großartigste und reifste Visionsschrift der Hildegard.
Dieses »Buch von den göttlichen Werken« beschreibt das Verhältnis Gott – Mensch – Kosmos. Mit ihrem Weltverständnis unterscheidet sich Hildegard deutlich von den Theologen ihrer Zeit, die eine dualistische Denkweise (Gott – Mensch) vertraten. Heute lebt das Hildegardsche Weltbild wieder auf. Es versteht Gott, den Menschen und die Natur (»Kosmos«) als eine Einheit.
Doch Hildegard wirkte nicht nur über ihre großartigen Schriften. Sie hinterließ uns auch einen wertvollen Schatz an Liedkompositionen und Briefen. Hildegard pflegte einen sehr regen Briefwechsel mit kirchlichen und weltlichen Menschen, mit Adligen, Königen, Kaisern, Päpsten, Mönchen, Äbten, Nonnen, Bischöfen und dem breiten Volk. Ihre Meinungen und Ratschläge wurden hochgeschätzt. Sie lobte, kritisierte, mahnte, wies die Menschen in ihre Schranken, tadelte, tröstete, ermutigte und freute sich auch mit ihnen. Sie wagte es sogar, Kaiser Friedrich Barbarossa zu drohen. Als er den dritten Gegenpapst neben dem rechtlich ernannten Papst Alexander III. aufstellte, den Erzbischof Konrad von Wittelsbach aus Mainz vertrieb, und über die Stadt eine Acht verhängte, schrieb Hildegard dem Kaiser: »Gib acht, daß der höchste König dich nicht zu Boden streckt...« In dem darauffolgenden Brief drohte sie Barbarossa schließlich mit der Rache Gottes: »Wehe, wehe diesem Tun der Frevler, die mich (gemeint ist Gott) verachten! Dies höre, Kaiser, wenn du leben willst! Sonst wird mein Schwert dich durchbohren!« Hildegards Klugheit, ihre Güte, ihr Einfühlungsvermögen und ihr Sinn für Gerechtigkeit waren weithin bekannt.

Hildegard als Kind ihrer Zeit

Für den Menschen des 20. Jahrhunderts ist es nicht ganz einfach, sich die Lebensumstände zu Hildegards Zeiten vorzustellen. Dies ist allerdings notwendig, wenn man das heilkundliche Wissen Hildegards richtig beurteilen will. Schließlich sind mittlerweile 900 Jahre vergangen. Weil das ganze Wirken der heiligen Hildegard einzig auf Gott ausgerichtet war, muß man ihre heilkundlichen Kenntnisse im Zusammenhang mit dem Weltbild ihrer Zeit sehen, in der religiöse und spirituelle Vorstellungen stets auch mit Krankheit und Gesundheit verknüpft wurden.
Im Mittelalter galt nach kirchlicher Auffassung eine Krankheit als Strafe Gottes für Sünden und Verfehlungen, oder sie wurde als Heimsuchung durch den Teufel gedeutet. Dies galt vor allem für neurologische Erkrankungen, die damals durchweg als »Teufelswerk« angesehen wurden. Diese enge Verbindung von Medizin und Religion behinderte den medizinischen Fortschritt in der Erkennung und Behandlung von Krankheiten ganz erheblich. Gängige »Therapien« erschöpften sich in Gebeten zu Heiligen und Märtyrern, in Reue, in Enthaltsamkeit und im Fasten. Es ist deshalb ein großes Verdienst von Hildegard, daß sie unter anderem Heilmittel gegen neurologische Krankheiten wie beispielsweise Epilepsie, Migräne und Kopfschmerzen aufzeigte. Hildegard dachte eben anders: Für sie war eine Krankheit nicht die Strafe Gottes für Sünden, sondern eine Prüfung. Sie selbst hatte in ihrem Leben viele Krankheiten ertragen. Gott prüfte sie damit und verlieh ihr die geistige Stärke, die erhaben war über ihre körperliche Schwäche. Deshalb ging Hildegard mit Krankheiten ganz anders um. Sie sah in jeder Krankheit eine Chance, stärker zu werden, zu siegen. Hildegard schrieb: »Es ist wichtig, einen kranken Körper zu stärken, damit er dem Teufel und seinen Gehilfen Widerstand leisten kann.« Die Vorstellung vom Teufel mit all seinen bösen Werken und seinen Helfern zieht sich durch diese Zeit. Doch es war immerhin erlaubt, »das Böse« mit Heilmitteln zu bekämpfen, wie sie die traditionelle Klostermedizin entwickelte. Hildegards Therapievorschläge entstammen zum größten Teil dieser

Klosterheilkunde, auch setzte sie damals schon Edelsteine als Heilmittel ein. Die Edelsteintherapie erlebt heute eine Renaissance und ist Bestandteil anerkannter Naturheilverfahren.
Im Mittelalter war das Wissen um die Stoffwechsel- und Verdauungsvorgänge sehr dürftig. Es waren nicht einmal anatomische Kenntnisse vorhanden, da es verboten war, Leichen zu sezieren. Woher sollte man also wissen, welche Organe der Mensch hat, wo sie sich befinden und wie sie zusammenarbeiten? Das Herz und den Magen kannte man, auch Leber und Lunge, viel mehr aber nicht. Hildegard erwähnt in ihren Schriften noch Milz und Nieren, auch zählt sie Krankheiten der Augen, Ohren, Zähne, des Unterleibs und der Sexualorgane auf. Sie ordnete dem Magen die größte Bedeutung im Verdauungstrakt zu und sah ihn als Zentralorgan der Verdauung, so wie man im Mittelalter die Welt als kosmisches Zentrum betrachtete. Hildegard schreibt: »Der Magen befindet sich im Bauchraum. In ihn werden die Speisen hineingeleitet und aus ihm werden sie wieder ausgeführt. Wie ein Sack ist er mit den übrigen Eingeweiden verbunden. Er ist ein Hinweis auf das Fassungsvermögen der Welt. Diese Kapazität füllen die Geschöpfe mit ihrem Wachsen und Keimen auf und, sich verzehrend, lassen sie sie wieder leer zurück ... Wie der Magen, der die Speisen nimmt und auswirft, mit den Eingeweiden verbunden ist, so wirkt auch die Seele mitsamt der ganzen Schöpfung sowohl beim Aufsteigen im Guten wie auch beim Herunterkommen im Schlechten im Menschen ... Die inneren Gefäße der Leber, des Herzens und der Lunge aber nehmen vom Magen den gereinigten Saft dieser Speisen auf und leiten ihn auf den Gesamtorganismus weiter. Auf diese Weise wird das Blut angereichert und der Körper genährt.« Hildegard war also der Meinung, daß die Nährstoffe im Magen resorbiert werden, tatsächlich geschieht dies aber im Dünndarm. Ganz richtig erkannte sie aber die Funktion des Blutes als Nährstofftransportsystem. Eng damit verknüpft ist die »Säftelehre«, die für die Hildegardsche Ernährungstherapie als Basis anzusehen ist.
Hildegard war als Frau des frühen Mittelalters und auch als Nonne ihrer Zeit weit voraus. Bedenkt man, daß Frauen im Mittelalter

bei weitem nicht die Stellung innehatten, wie es heute der Fall ist, muß man Hildegard eine ganz besondere Achtung und Anerkennung entgegenbringen. Sie hat sich über das Redeverbot für Frauen hinweggesetzt. Die damals geforderte Zurückhaltung der Frauen, sowohl in kirchlichen wie in weltlichen Angelegenheiten, war ihr völlig egal. Frauen hatten zu Hildegards Zeiten keinen Zugang zu höherer Bildung, zu Politik und zu gesellschaftlich relevanten Dingen.

Hildegard beeinflußte durch ihr Wirken sowohl das gesellschaftliche wie auch das politische und kirchliche Leben. Sie zögerte zwar lange, was sich durch die äußeren Umstände ihrer Zeit leicht erklären läßt, doch schließlich siegten ihre visionäre Gabe, ihre Ehrfurcht vor Gott und ihr eigenes Verlangen, sich mitzuteilen. Nur dem Schlüsselerlebnis, das Hildegard auf das Krankenbett warf und zur Mitteilung ihrer Visionen brachte, verdanken wir heute ihre Schriften und einen wertvollen Schatz mittelalterlicher Heilkunde, die vielfach heute noch Gültigkeit hat. Hildegard ging an die Öffentlichkeit, sie gab sich einerseits emanzipiert und resolut, andererseits einfühlsam und überaus menschlich. Als Nonne lehnte sie es ab, sich hinter Klostermauern einsperren zu lassen.

Sie war eine aktive und ungeheuer engagierte und couragierte Frau in einer Zeit, in der Frauen eigentlich eine Dienerrolle spielten und keine Rechte hatten. Sie setzte sich mit der Sexualität der Frau auseinander, ganz unbefangen spricht sie über Menstruation, Zeugung, Schwangerschaft und Geburt. Anders als der männliche Klerus sah sie Eva nicht als schuldige Sünderin. Sie erklärt den Akt der Verführung Evas durch die teuflische Schlange nicht damit, daß Frauen leichter zur Sünde neigen (dies war die Begründung der Kirchenväter im Mittelalter!), sondern mit der Weichheit und der Sensibilität der Frau. Sie sieht auch Adam nicht als Opfer der Verführung durch Eva, sondern sie ist der Auffassung, daß er sich aus Liebe zu ihr zum Ungehorsam hinreißen ließ. Das weibliche Geschlecht nimmt sie in Schutz, gesteht ihm Schwächen, aber auch große Kräfte zu, die mit dem Teufel und der Sünde nichts zu tun haben.

Mit dem »Sündenfall im Paradies«, dem Ungehorsam von Adam und Eva gegenüber Gott, verbindet Hildegard nicht das Unheil der Welt, sondern die Schwäche des Menschengeschlechts, nämlich Gebrechlichkeit, Verletzbarkeit, Altern und Tod. Ihre Überlegungen schildert sie liebevoll, ohne die Frauen wegen Evas erster »Sünde« zu verurteilen. Krankheit sah sie auch nicht als Gegensatz zur Gesundheit, sondern als Mangelerscheinung – was ja heute durchaus bestätigt werden muß! Mit ihrem Auftreten bewies Hildegard nicht nur Mut und Furchtlosigkeit, sondern sie erhärtete durch ihre Vision ihre innerste und feste Überzeugung, die sie in die Öffentlichkeit trug. Ihr war es erlaubt, öffentlich zu predigen. Sie reiste viel herum, führte eine umfangreiche Korrespondenz mit dem Volk, dem Adel und dem Klerus und scheute sich schließlich nicht, gegen die reichen und verschwenderischen Bischöfe der rheinischen Umgebung zu predigen. Wer hätte sich zu dieser Zeit so etwas getraut? Auch Ketzer hatte Hildegard im Visier. Scharf wandte sie sich gegen die Katharer, Angehörige einer Sekte im Mittelalter. Hildegard warf ihnen öffentlich Heuchelei und Lügen vor und warnte das Volk vor dieser Sekte. »Lästermäuler und Lügenpropheten des Teufels« nannte sie sie und verurteilte ihre Scheinheiligkeit, durch die sie das einfache Volk verwirren »und aus der Einheit der Kirche herausreißen ...«.

Hildegard beschritt also damals die ersten Wege der Meinungsäußerung und der Emanzipation der Frau – obgleich sie natürlich den Sinn der Sexualität genauso wie ihre Zeitgenossen in der Ehe und in der Gründung einer Familie sah. Geschieht die geschlechtliche Vereinigung rein aus Lust und Vergnügen, so hat nach Hildegardscher Auffassung der Teufel die Hand im Spiel. Auch eine Scheidung der Ehe kam für Hildegard nach kirchlicher Auffassung nicht in Frage – es sei denn, die Ehepartner entschlossen sich dann für ein klösterliches Leben. Die Jungfräulichkeit hatte für Hildegard, die seit ihrer Kindheit im Kloster lebte, einen hohen Stellenwert. Sie vertrat aber immerhin die mutige Auffassung, daß die Frau bei der Entstehung eines Kindes genauso wichtig ist wie der Mann. Dies sah man im Mittelalter ganz anders: Das Kind war stets das Kind des Mannes. Die Rolle, die die Frau für die Familiengründung spielt, beschreibt Hildegard sehr einfühlsam und genau. Richtig liebevoll geht Hildegard mit dem Thema Mutter um. Sie sieht auch die Kirche als eine große Mutter, als mächtige Frau. Die gesamte Schöpfungsgeschichte ist bei Hildegard ein betont weibliches Thema. Die Kraft der Natur, das Grünen und Hervorbringen von Sprossen und Blättern steht für das Leben schlechthin. Und die eindrucksvollen Bilder, die Hildegard in ihren Schriften beschreibt, sind durchweg von einer faszinierenden Weiblichkeit geprägt, die Hildegard als »göttliche Grünkraft« (viriditas) bezeichnet. Charakteristisch ist ihr Bild vom Baum, der, von Säften gespeist, grüne Blätter hervorbringt. Er ist das Symbol des Lebens schlechthin. Aus diesem Verständnis der Schöpfung, der Natur und des Lebens schließlich entwickelte Hildegard von Bingen ihre gesamte Lebensphilosophie, ihre Heilkunde und ihre Ernährungslehre.

Sie war wohl eine der schillerndsten Frauen des Mittelalters und beeinflußte in beeindruckender Weise das weltliche und das kirchliche Geschehen. Ihr Wissen hat in vielen Bereichen heute noch Gültigkeit und ihre Empfehlungen sind – nach langer Zeit der Vergessenheit – heute wieder interessant. Sie erleben eine echte Renaissance, weil Naturheilkunde, Selbstmedikation und Eigenverantwortung für die Gesundheit in der Bevölkerung einen immer höheren Stellenwert einnehmen. Niemand möchte krank werden. Vorbeugung und Gesundheitsvorsorge sind heute wichtiger denn je! Nicht nur, weil die Kosten für unsere Krankheiten drastisch steigen und von den Krankenkassen nicht mehr bezahlbar sind, sondern weil es die Pflicht eines jeden ist, seine von Gott geschenkte Gesundheit zu erhalten. Ein anderer Grund für die Hinwendung zur Naturheilkunde ist im Arzt-Patienten-Verhältnis zu suchen. Viele Menschen haben kein Vertrauen mehr in die Schulmedizin. Sie wünschen sich eine naturgemäße Behandlung, die ganzheitlich ausgerichtet ist, bei der der Mensch als Gesamtheit betrachtet wird und nicht nur ein krankes Organ isoliert behandelt wird. Die Ganzheitstherapie ist eine Ursachentherapie. Sie bekämpft nicht die Symptome, sondern versucht, die

Ursachen zu beseitigen. Die Ernährung spielt darin eine sehr wichtige Rolle.

Hildegard hat viele Freunde und Anhänger. Es gibt Apotheken, die Hildegard-Heilmittel in ihr Sortiment aufgenommen haben. Es gibt Hildegard-Kuren, Hildegard-Diäten und natürlich viele Bücher zum Thema »Hildegard von Bingen«. Nur ein Kochbuch hat Hildegard selbst nicht geschrieben. Ihre Empfehlungen lassen sich aber sehr gut für ein ganz spezielles Hildegard-Kochbuch verwenden. Ich habe die Hildegardschen Ernährungsempfehlungen und ihre Küchengeheimnisse für dieses Kochbuch gesammelt und Rezepte für jedermann daraus entwickelt. Sie entsprechen der Hildegard-Ernährung genauso wie der modernen Ernährungswissenschaft und können für den Leser als Anregung dienen, sich etwas mehr nach den Empfehlungen der Hildegard zu ernähren oder zumindest ihre Ratschläge öfter zu beherzigen.

Die Ernährungslehre der heiligen Hildegard

Gesundheit ist laut Hildegard kein statischer Zustand, sondern ein Prozeß, in dem der Körper, der Geist und die Seele in einem Fließgleichgewicht stehen. Wichtig für dieses Gleichgewicht ist eine Ausgewogenheit der Körpersäfte. Wenn das Gleichgewichtig gestört ist, kommt es zu Krankheiten. Die Behandlung der Krankheiten muß stets zum Ziel haben, die Balance wiederherzustellen. Werden nur die einzelnen Symptome behandelt, so kann der Mensch nicht gesund werden. Dies ist auch das Prinzip der modernen Ganzheitstherapie, einer Behandlungsform, die heute viele Ärzte verfolgen und in die klassische Schulmedizin einfließen lassen. Für die Harmonie von Körper, Seele und Geist ist die Ernährung von tragender Bedeutung. Schon Hildegard kannte gesunde und ungesunde Einflüsse, die von unseren Lebensmitteln ausgehen. Sie stellt ihre eigene Ernährungslehre auf, die neben der Phytotherapie und der Edelsteintherapie die dritte Säule der Hildegard-Medizin ist. Außerdem gehören Wärme- und Wasseranwendungen, verschiedene Ausleitungsverfahren (Aderlaß, Schröpfen, Fasten) sowie die Psychotherapie zur Hildegard-Medizin.

Die vier Elemente, die Säftelehre und die Subtilität der Nahrungsmittel

Hildegard teilt die Welt in vier Elemente ein: Feuer, Wasser, Erde und Luft. Diese Elemente üben wechselweise Kräfte auf das gesamte Leben auf der Erde aus. Damit beeinflussen sie die Natur, die Qualität des Wassers, des Bodens, die Nahrungsmittel und den Ertrag der Ernte. Sie spenden die Lebensenergie (Grünkraft = viriditas) für das Leben. In die Mitte des Kosmos stellt Hildegard den Menschen. Er steht in ständiger Wechselwirkung mit den vier Weltelementen, die seine Lebensfunktionen aufrechterhalten. »Vom Feuer hat er die (Körper-)Wärme, von der Luft den Atem, vom Wasser das Blut und von der Erde den Körper (Knochen und Muskulatur). Dem Feuer verdankt er das Sehen, der Luft das Gehör, dem Wasser die Bewegung und der Erde seinen Gang.« Was für eine wohlüberlegte und logisch-sinnvolle Zuordnung von Hildegard, die doch von Naturwissenschaften gar nichts wußte! Verantwortlich für die gesunde Konstitution eines Menschen sind nach Hildegards Auffassung die vier Säfte (humores) des Körpers, die in ausgeglichener Konstellation vertreten sein müssen. Sie nennt sie Phlegma, Blut, gelbe Galle und schwarze Galle. Jeder dieser Säfte steht für einen Grundtypen (Temperament) des Menschen und trägt ganz deutlich zum Charakter seines Wesens bei:

1. Der phlegmatische (phlegmareiche) Typ: Er ist mager, hat wenig Fleisch, aber dicke Gefäße. Der Gesichtsausdruck ist ernst, die Haut bräunlich.

2. Der sanguinische (blutreiche) Typ. Er neigt zur Beleibtheit, hat dünne Gefäße, gesundes Blut und kräftiges Fleisch. Die Gesichtsfarbe ist hell bzw. blaß.

3. Der cholerische (gallenreiche) Typ. Er hat zartes Fleisch mit groben Knochen, dickes Blut, ist klug, aber sehr gefürchtet.

4. Der melancholische (schwarzgallige) Typ. Er ist mager, hat dicke Gefäße, ist in seinen Gedanken unstabil und insgesamt nicht sehr widerstandsfähig.

Diese vier Grundtypen kommen im Menschen immer als Mischformen vor. Ein Mensch hat beispielsweise ein vorherrschend cholerisches Temperament, das aber durchaus von einer schlechten Widerstandskraft und inneren Empfindsamkeit gemäßigt wird, so daß ein gewisser Ausgleich erreicht ist. Wenn keine

Ausgewogenheit der Säfte besteht, ist der Weg geebnet für Krankheiten und gesundheitliches Mißempfinden.

Neben der Viriditas, der Lebenskraft der Pflanzenwelt, ist die Subtilität der Lebensmittel laut Hildegard entscheidend für deren Gesundheits- oder Heilwert. Mit Subtilität meint Hildegard die inneren Werte der Lebensmittel, aus denen der menschliche Organismus seine Energie schöpft und seine Bau- und Heilstoffe bezieht. Dabei geht es keineswegs um Kalorien, Eiweiß-, Fett- und Kohlenhydratgehalte, sondern wiederum um die Ganzheit des Lebensmittels. Hildegard umschreibt die Lebensmittel als »Mittel zum Leben« und vielfach sogar als Heilmittel. Jedes verfügt über eine einzigartige Subtilität, aber nicht jedes Lebensmittel ist für Gesunde und Kranke gleichermaßen gut geeignet. Hildegard zählt sogar regelrechte »Küchengifte« auf, vor deren Verzehr sie vor allem kranke und empfindliche Personen warnt. Dem Menschen unseres Jahrhunderts, der von vielen Seiten mit Ernährungsratschlägen, Zahlen zum Nährstoffbedarf etc. konfrontiert wird, wird so manches aus der Hildegardschen Ernährungslehre zunächst spanisch vorkommen, weil die moderne Ernährungswissenschaft ganz anders argumentiert. Dennoch sollte man Hildegards Ratschläge sehr ernst nehmen, denn sie hat in ihrer Zeit ihre eigenen Erfahrungen und Beobachtungen gemacht und hatte stets gute Gründe für ihre Empfehlungen. Die Hildegard-Ernährung ist praxisorientiert und baut auf einem großen Erfahrungsschatz aus einer Zeit auf, in der an eine wissenschaftliche Ernährungsforschung nicht zu denken war. Was man damals hatte, war die Heilung aus und mit der Natur. Alles in allem gibt es in der Hildegard-Ernährung wenig Einschränkungen, wenn man bedenkt, daß Hildegard nur die Lebensmittel ihrer Zeit kannte. Angesichts des heutigen Nahrungsangebotes aus aller Welt muß man sich wundern, welche extremen Ernährungsformen ständig geradezu marktschreierisch propagiert werden. Bei der einen wird Fleisch vom Speisezettel verbannt, eine andere geht noch weiter und verbietet zusätzlich noch Fisch, Milchprodukte und Eier, wieder eine andere rät vom Genuß von Trinkwasser ab und plädiert für destilliertes Wasser, eine andere empfiehlt, sich nur von Getreide zu ernähren. Die Liste ließe sich fortsetzen, wobei die Diätkonzepte immer bunter, kurzlebiger und fragwürdiger werden.

Sollten wir nicht froh sein über die große Palette der Nahrungsmittel, aus der sich jeder aussuchen kann, was ihm schmeckt, was sich abwechslungsreich zubereiten läßt, was für ihn erschwinglich ist und was ihn gesund erhält? »Keep it easy« (Halte es einfach) ist ein uraltes Motto, das für viele Lebensbereiche – ganz besonders aber in unserer Ernährung – Gültigkeit hat. Sobald eine Ernährungsform zu kompliziert wird, man sich vor Verboten und Regeln nicht mehr auskennt, scheitert sie früher oder später. Genauso ist es, wenn die Kost nicht schmeckt. Dann wird sie abgelehnt. Die beste und gesündeste Ernährung ist einfach, dennoch abwechslungsreich, ausgewogen und damit vollwertig. Sie ist saisonorientiert, läßt sich leicht zubereiten und ist schmackhaft. Strikte Verbote schaden mehr, als sie nützen. Man sollte sie relativieren und als Ratschläge sehen. Mein Hildegard-Kochbuch ist so ausgelegt, daß die Hildegard-Tips realisiert werden, aber für jeden genug Spielraum bleibt, das eine gegen das andere auszutauschen oder etwas zu ergänzen. Ich denke, daß Hildegard bei ihrem großen Wissen, das sie uns vor allem mit ihren Beschreibungen des Dinkelkorns beweist, durchaus auch der Kartoffel sehr zugeneigt wäre. Sie konnte die Kartoffel noch nicht kennen, denn sie kam erst lange nach Hildegard durch die Entdeckung Amerikas nach Europa. Aus dem Ernährungsverständnis von Hildegard muß ich jedoch annehmen, daß sie Kartoffeln nicht abgelehnt hätte. Deshalb darf es in meiner Hildegard-Küche auch gelegentlich Kartoffeln geben, der Abwechslung zuliebe und wegen des unbestritten hohen gesundheitlichen Werts. Wir schätzen sie bei vielen Krankheiten, bei Diabetes, bei Nierenkrankheiten, auch bei Getreideallergie und vielem mehr. In der Verwendung steht sie dem Dinkel kaum nach, sie läßt sich auf außerordentlich vielfältige Art und Weise zubereiten und sollte deshalb in keiner Kostform fehlen.

Was Hildegard über den Körper und den Stoffwechsel wußte

Wie es im Inneren unseres Körpers aussieht, konnte man zu Hildegards Zeiten nur vermuten. Denn die Chirurgie war verboten, außerdem durften keine Leichen seziert werden. Dennoch erkannte Hildegard gewisse Zusammenhänge und ein Zusammenwirken einzelner Organe. Ihre Überlegungen beruhten einerseits auf ihren Schauungen, andererseits auf der Bedeutung des Kosmos, in dem Hildegard viele Erklärungen fand. Der Magen war für sie das Zentralorgan des Körpers, so wie sie den Menschen als Zentrum inmitten der vier Weltelemente sah und die Welt als Mittelpunkt des Kosmos. Der Magen arbeitet im Einklang mit dem Herzen, der Lunge, der Leber und der Milz – mehr Organe waren damals nicht bekannt. So wie auch die Weltelemente mit dem Menschen ständig in Verbindung traten, so sah Hildegard das Funktionieren des Organsystems. Hildegard sprach Ernährungsempfehlungen aus für zahlreiche Nahrungsmittel. Sie ordnete diese in die folgenden Gruppen ein:

- Nahrungsmittel für Gesunde und Kranke (uneingeschränkt empfohlen)

- Nahrungsmittel, die nur für Gesunde empfohlen werden, oder bei denen besondere Regeln zu beachten sind

- Nahrungsmittel, die vorsichtig dosiert (»im rechten Maß«) genossen werden dürfen

- Nahrungsmittel, die für Gesunde und Kranke abgelehnt werden, und die Hildegardschen »Küchengifte«

● Nahrungsmittel für Gesunde und Kranke (uneingeschränkt empfohlen)

Hildegard empfiehlt diese Nahrungsmittel für Gesunde und Kranke und fordert, sie regelmäßig auf den Tisch zu bringen. Ihre Wirkungen sind durchweg positiv, wenn auch in unterschiedlichem Maße. So schreibt Hildegard beispielsweise über den Fenchel (Fenchelknolle): »Der Fenchel macht den Menschen lustig, gibt ihm eine gesunde Farbe und einen angenehmen Geruch sowie eine gute Verdauung.« Das Fleisch vom Reh soll den Menschen von Schleim und üblen Gasen reinigen, Bohnen sind gut für Magen-Darm-Erkrankungen und Zitronen helfen gegen Fieber. So empfiehlt Hildegard:

Getreide:
Dinkel
Getreidekaffee aus Dinkel
Weizen und Weizenmehl
(aber nur aus dem vollen
Korn und nur zum Backen)

Obst:
Brombeere
Fruchtmispel
Kornelkirsche
Quitte
Zitrone

Gemüse, Pilze und Kräuter:
Bohne
Brennessel
Fenchelknolle
Kastanie (Edelkastanie)
Kichererbse
Kürbis
Pastinake

Fische:
Barsch
Hecht
Wels (Waller)

Fleisch:
Geflügel
Hirsch
Reh
Schaf
Ziege

Getränke
Bier
Fencheltee
(aus Fenchelkraut)

● Nahrungsmittel, die nur für Gesunde empfohlen werden oder bei denen besondere Regeln zu beachten sind

Hafer, Haferflocken und Haferbrei

»Er erwärmt insbesondere die Geschmacksnerven und den Geruchssinn.« Bei Gesunden fördert er ein fröhliches Gemüt, die Intelligenz und ist gut für eine schöne Haut. Hafer kann bei Kranken zu Verdauungsstörungen und zu Verstopfung führen.

Roggen und Roggenbrot

Roggen gilt als Schlankmacher bei Übergewicht. »Roggenbrot sollten alle mit starkem Fettansatz essen, weil es sie kräftig macht, aber ihr Speckpolster mindert.« Menschen mit schwachem Magen und Gastritis sollen Roggenbrot meiden.

Sellerie

Hildegard empfiehlt sowohl Knollensellerie wie auch Stauden- bzw. Bleichsellerie. Er sorgt im gekochten Zustand für »gute Säfte«. Wenn aber jemand wankelmütig sei und zur Schwermütigkeit neige, solle er ihn nicht essen.

Zwiebel

Sie sollte nur gegart verzehrt werden, weil sie roh »schädlich und giftig wie der Saft des Unkrautes« ist. Sie wird bei Fieber und Schüttelfrost empfohlen, Magenkranke sollten sie meiden.

Salat

Salat sollte stets mit einer Marinade aus Essig und Knoblauch angemacht werden. Hildegard empfiehlt, ihn mit Dill zu würzen. Er sollte allerdings nicht vor einer warmen Speise gegessen werden, sondern danach.

Rote Bete

Sie sollte nur gekocht gegessen werden. Die klassischen Rezepte gehen stets von gekochten Knollen aus (Eintopf, Salat etc.).

Kohl (alle Sorten)

Er ist nur Gesunden vorbehalten. »Gesunde Menschen mit kräftigen Adern und wenig Fett am Leibe können Kohl ... durch ihre Kräfte verdauen.«

Liebstöckel
Dieses intensiv schmeckende Würzkraut sollte nur in Kombination mit anderen Kräutern verwendet werden.

Ingwer
Hildegard empfiehlt ihn mageren Menschen und denen, die schon dem Tode nahe sind. Er soll nur in kleinen Mengen und stets auf nüchternen Magen gegessen werden, zum Beispiel als Würze in einer Suppe.

Birnen
Sie sollten nur gedünstet oder gekocht verzehrt werden.

Johannisbeeren
Sie haben eine starke Heilwirkung, allerdings nur in Kombination mit anderen Früchten.

Milch
Sie wird eher im Winter als im Sommer empfohlen. Kranken Menschen rät Hildegard allerdings, auch im Sommer regelmäßig in kleinen Mengen Milch zu trinken.

Obst- und Gemüsesaft
Säfte werden empfohlen, aber nur zu einer Mahlzeit oder zumindest zusammen mit einem Stück Brot, weil sie sonst Kopfschmerzen verursachen können.

Käse
Übergewichtige Menschen sollen feste Käsesorten (Hartkäse, Schnittkäse) meiden und besser weiche Käsesorten wie Frischkäse und Quark essen. Gesunden Menschen schadet aber anderer Käse nicht.

Honig
Gegen Honig hat Hildegard nichts einzuwenden. Sie rät jedoch übergewichtigen und sehr mageren Menschen vom Honigverzehr ab.

Rindfleisch
Dieses Fleisch eignet sich nur für Gesunde (»warme Menschen«). Wegen seiner Kühle ist es für einen schwachen (schlecht durchbluteten) Menschen nicht gut zu essen.

- **Nahrungsmittel, die vorsichtig dosiert
  (»im rechten Maß«) genossen werden dürfen**

Diese Nahrungsmittel sind unbedenklich und sogar empfehlenswert, sollten aber überlegt und in vernünftigem Maße verzehrt werden. Die meisten werden auch nach der modernen Ernährungswissenschaft nur in kleinen Mengen empfohlen. Bei Übergewicht und hohem Blutfettspiegel sollte man beispielsweise mit Butter und Eiern sparsam umgehen. Salz und Alkohol ist bei hohem Blutdruck vorsichtig zu dosieren, Zucker ist schlecht bei Übergewicht und Diabetes. Hildegard mahnt zum Maßhalten, insbesondere bei folgenden Nahrungsmitteln:

Butter
Datteln
Eier
Essig
Knoblauch
Petersilie
Pfeffer
Salz
Wein
Zucker (möglichst nicht raffinierter bzw. Rohrzucker)

- **Nahrungsmittel, die für Gesunde und
  Kranke abgelehnt werden,
  und die Hildegardschen »Küchengifte«**

Auf diese Nahrungsmittel sollte man der Gesundheit zuliebe verzichten oder sie wirklich nur ganz selten essen:

Gerste
Hildegard lehnt Gerste für Gesunde und für Kranke ab, da sie eine »auskühlende Wirkung« hat. Sie hat nicht die Heilkraft der anderen Getreidesorten. In flüssiger Form, nämlich als Bier, ist die Gerste

aber durchaus zu empfehlen. Der Gerstensaft macht eine schöne Gesichtsfarbe, kräftigt Gesunde und Kranke, ist gut und bekömmlich.

Grünkern
Das ist das unreife Dinkelkorn. Bei Hildegard ist es kein Lebensmittel, weil unreife Früchte ihrer Auffassung nach ungenießbar sind und nicht die gleiche Subtilität (Heilkraft) besitzen wie reife. Dasselbe gilt für Getreidekeime und für Sprossen.

Erdbeeren
Hildegard meint, sie führen zur Verschleimung. Sie können außerdem Entzündungen, Allergien und Ekzeme auslösen.

Heidelbeeren
Für Hildegard stören sie das Säftegleichgewicht und können Rheuma und Gicht begünstigen.

Pfirsiche
Hildegard meint, sie führen zur Verschleimung, stören das Säftegleichgewicht und begünstigen Stoffwechselstörungen.

Pflaumen (Zwetschgen)
Sie sollen melancholisch stimmen und die Schwarzgalle (Melanche) im Menschen fördern. Auch vermehren sie laut Hildegard die Säuren, insbesondere die Harnsäure. Deshalb kann es zu Stimmungsschwankungen und Depressionen, Rheumaschüben und Gichtattacken kommen.

Lauch (Porree)
Dieses Gemüse steigert laut Hildegard die Begierden. Es zerstört das Abwehrsystem und verdreht das günstige Säfteverhältnis ins Gegenteil.

Linsen
Sie entziehen dem Körper viel Wärme und benötigen eine große Verdauungsarbeit.

Aal
Aal soll psychische Disharmonien verursachen.

Schweinefleisch
Es soll zur Verschleimung des Körpers und zu Trägheit führen.

Hildegards Rohkostverbot

Hildegard von Bingen rät zur Vorsicht beim Verzehr von Rohkostgemüse, von Frischkornbrei und Müsli bzw. verbietet ihn sogar. Nach ihrer Überzeugung sollte man keine ungekochten Nahrungsmittel zu sich nehmen und auch keine, die nicht irgendwie gewürzt, mit Pfeffer, Salz und Essig angemacht oder mariniert sind. Ihrer Auffassung nach wird der Magen damit nicht fertig, weil die Rohkost nicht genügend für die Verdauung vorbereitet ist. Die daraus aufsteigenden »schlechten Säfte« belasten den Körper. Hildegard schreibt hierzu: »Wenn die Menschen zuweilen übermäßig viele Speisen gegessen haben, die entweder zu roh oder ungekocht oder halbgar und besonders fett und schwer oder auch saftlos und trocken waren, dann können manchmal das Herz, die Leber und die Lunge und die anderen Wärmespeicher ... dem Magen nicht mit so viel und so starker Wärme beispringen, daß diese Speisen gar gekocht werden. Daher gerinnen sie im Magen, verhärten sich und werden schimmelig, so daß sie den Magen zuweilen etwas grün oder blaugrün oder auch bleifarbig machen oder mit viel Schleim belasten, so daß die schlechten Säfte die schädlichen, übelriechenden Darmgase ... durch den ganzen Körper aussenden.«

Hildegard hatte die Auffassung, daß Rohkost nicht verdaut wird und dem Körper ein Höchstmaß an Verdauungsarbeit und Wärmeverbrauch abverlangt. In gewisser Hinsicht stimmt das auch, denn für die Verdauung unaufgeschlossener Nährstoffe benötigt der Körper viele Kalorien. Die Nahrung wird schlechter ausgenutzt. Der Übergewichtige nimmt mit Rohkost ab, die enthaltenen Ballaststoffe halten den Darm in Schwung. Hildegard beobachtete, daß Rohkost auch Magen-Darm-Beschwerden hervorrufen kann. Dies kann heute durchaus bestätigt werden, vor allen Dingen, wenn man an eine größere Menge von Salat und Gemüse oder Getreidekost nicht gewöhnt ist. Bei Diäten, die viel Gemüse und Salat in rohem Zustand vorschreiben und Getreidekorn oder -flocken in den täglichen Speiseplan einbauen, finden sich immer wieder Hinweise auf mögliche Beschwerden in der Gewöhnungsphase.

Wegen der Keimbelastung und schlechten Trinkwasserqualität im Mittelalter war es angebracht, gewaschenes Gemüse und Obst zu schälen und sicherheitshalber dann noch zu garen. Auch Getreide war hygienisch nicht einwandfrei und unbedenklich. Unter diesem Aspekt relativiert sich das Hildegardsche Rohkostverbot. Gegen einen Tomaten-, Gurken-, Rettich- oder Karottensalat dürfte also nichts einzuwenden sein, vor allem dann nicht, wenn er mit einer leckeren Marinade angemacht ist – wie es Hildegard empfiehlt.

Das rechte Maß und die richtigen Nahrungsmittel
Was die Deutsche Gesellschaft für Ernährung seit Jahrzehnten propagiert, das hat bereits Hildegard empfohlen: das Maßhalten! Dies trifft für viele Dinge zu. Mäßig sein in allen Dingen des Lebens bewahrt den Körper, den Geist und die Seele vor großem Schaden. Hildegard rät zum rechten Maß: beim Essen und Trinken, beim Schlafen und Wachen, bei der Bewältigung von Streß und vielem mehr. Wie schnell »schießt« man über das Maß hinaus, ißt mehr, als der Hunger es verlangt, trinkt einen über den Durst, regt sich über Kleinigkeiten unangemessen auf?
Die Hildegard-Medizin und vor allem die Hildegard-Ernährung realisiert spielend, wie man stets das richtige Maß trifft. Dabei werden die Lebensmittel sogar gezielt als Heilmittel in die »normale« Kost eingebaut. Man hat überhaupt nicht das Gefühl, Medizin zu sich zu nehmen. Für Hildegard gibt es heilende und krankmachende Nahrung. Sie unterscheidet sogar zwischen heilsamer und zerstörerischer Nahrung, zwischen wärmender und kühlender, reinigender und verschleimender Kost, schmerzlindernder, fiebersenkender, lustig machender und »das Gemüt bitter machender« Wirkung. Erstaunliches ist also durch die richtige Nahrungsauswahl und durch das richtige Maß zu erreichen! Hildegards Ratschläge garantieren eine gesunde, vollwertige und schmackhafte Kost mit Heilcharakter. Eine Ernährungsumstellung kann daher der Schlüssel zu neuem Wohlbefinden sein.

Was Hildegard über die Lebensmittel und ihre Wirkung wußte

Apfel
Was uns die Briten raten, wußte schon Hildegard: An apple a day, keeps the doctor away! Wer täglich einen Apfel ißt, braucht keinen Arzt. So einfach kann Vorbeugen auch heute noch sein! Äpfel dürfen in der Hildegard-Ernährung roh gegessen werden, weil sie »vom Nachttau gereift und vorgekocht sind«. Reif müssen sie sein und möglichst frisch geerntet. Kranken wird Apfelkompott empfohlen, das mit Gewürzen nur kurz aufgekocht wird und dann durchziehen muß. Das Kompott wird also nicht »totgekocht«. Es soll bei Durchfallerkrankungen helfen.

Birne
Sie soll nicht roh gegessen werden. Gedünstet, gekocht oder gedörrt reinigen Birnen den Magen. Sie sind gut für die Verdauung und leiten »das Faulige« aus dem Körper. Selbstgemachtes Birnenmus als Brotaufstrich wirkt reinigend gegen schädliche Darmbakterien. Birnensaft allerdings soll man nicht trinken, weil er Kopfschmerzen verursachen kann.

Bohne
Hildegard empfiehlt sie für Gesunde und für Kranke. Sie erwärmt den Körper und lindert Krankheiten. Auch Bohnenmehl soll günstig sein. Bohnen sind ernährungsphysiologisch wertvoll. Sie liefern hochwertiges Eiweiß, reichlich komplexe Kohlenhydrate und Ballaststoffe. Zusammen mit Dinkel ergeben gekochte Bohnen eine gesunde Mahlzeit, deren biologische Wertigkeit mit der eines Fleischgerichts vergleichbar ist. Bei Krankheiten der Eingeweide soll man den Kochsud der Bohnen trinken.

Brombeere
Sie ist eine bekömmliche und leicht verdauliche Frucht und wird deshalb Gesunden und Kranken empfohlen. Eine besondere Heilwirkung schreibt ihr Hildegard aber nicht zu.

Dattel
Gekochte und gedünstete Datteln empfiehlt Hildegard, um die Muskelkraft zu stärken. Sie vergleicht ihren Nährwert mit dem von Brot. Die Dattel ist reich an Kohlenhydraten, und diese sind unabdingbar für den Aufbau von Muskulatur. Hildegard warnt hier wieder vor einem Zuviel beim Genuß von Datteln.

Dinkel
Dinkel wird oft als Getreidewunder des Mittelalters bezeichnet. Er ist sehr gesund und das wichtigste Nahrungsmittel bei Hildegard. Aus Dinkel kann man alles zubereiten, was man auch mit Weizen kochen und backen kann. Außerdem eignet sich Dinkel als Ersatz für Bohnenkaffee. In der Hildegard-Küche kommen die puren Dinkelkörner vor, ebenso Dinkelkernotto (geschälter Dinkel), Dinkelhabermus, Dinkelschrot, Dinkelvollkornmehl und feines Dinkelmehl. Für die Säuglingsernährung wird Dinkelmikromehl verwendet. Das ist ein ultrafein ausgemahlenes Dinkelmehl.

Edelkastanie
Die Kastanie ist nährstoffreich und stärkt die Abwehrkräfte. Im Mittelalter galt sie als wichtiges Volksnahrungsmittel, dessen Bedeutung heute mit der der Kartoffel verglichen werden kann.

Ei
Hildegard empfiehlt, hier auf das rechte Maß zu achten. Weiche Eier sind bekömmlicher als hartgekochte. Für Kranke sind pochierte Eier besser geeignet als gekochte. Hildegard wußte auch, daß der Eidotter wertvoller und gesünder ist als das Eiklar. Sie warnt davor, rohe Eier zu essen, denn es schadet dem Menschen, »weil es in ihm Fäulnis hervorruft«.

Erbse
Kranke sollen keine Erbsen essen, weil sie Krankheiten verstärken können. Sie führen bei Lungenkranken zur »Verschleimung« und machen kurzatmig. Für den Gesunden sind sie aber geeignet, denn sie sollen ihn temperamentvoll machen.

Essig
Hildegard empfiehlt Weinessig in kleinen Mengen, so daß der Eigengeschmack der Speise nicht überdeckt wird. Essig reduziert die schlechten Säfte und begünstigt die Verdauung.

Feige
Für Gesunde werden Feigen nicht empfohlen, weil sie die guten Säfte durcheinanderbringen und den Menschen »gelüstig und aufgeblasen machen.« Ähnlich wie Ingwer eignen sie sich vorübergehend für körperlich geschwächte Menschen.

Fenchel
Fenchel ist sehr gesund. Ob als Gemüse, Salat (roh!), als Tee oder als Gewürz – Fenchel spielt eine wichtige Rolle in der Hildegard-Küche. Er reinigt Magen und Darm, hilft gegen Fäulnisbakterien und Darmgase, verhindert Mundgeruch, verringert die Magensäurebildung und die »Schwarzgalle«, wirkt krampflösend und wird bei Schmerzen empfohlen, die vom Genuß von fettem und gebratenem Fleisch herrühren (Gallenkoliken!).

Fett
Zu Hildegards Zeiten gab es keine Margarine. Man verwendete Butter (aus Kuh- und Ziegenmilch) und Schmalz sowie Pflanzenöle. Hildegard empfiehlt Butter in Maßen für Gesunde und Kranke. Mandelöl, Kürbiskernöl, Walnußöl und Sonnenblumenöl werden eingesetzt. Olivenöl lehnt sie ab, Walnußöl ist für Lungenkranke ungeeignet. Das meistverwendete Öl ist das möglichst kaltgepresste Sonnenblumenöl.

Fisch
Er wird besonders empfohlen. Fisch ist eiweißreich und liefert unserem Körper wichtiges Jod. Für Gesunde und Kranke empfiehlt Hildegard Raubfische, auch Hering (gebraten). Außerdem können gesunde Menschen Stör, Bachforelle, Blaufelchen und Karpfen essen. Gezüchtete Forellen und Lachse werden abgelehnt, Brachse, Hering (grün, roh) und Scholle ebenfalls.

Fleisch
Hühnerfleisch ist gut für Gesunde und Kranke, man sollte es ohne Haut verzehren (purin-, cholesterin- und fettreich). Schwerkranken rät Hildegard, das »trockene« Fleisch mit anderen Fleischsorten zuzubereiten. Geflügelleber gilt als gesund und hilft gegen alle inneren Krankheiten (hoher Vitamin-B-Gehalt, reich an Eisen). Fasan und Pute, Wild- und Flugente werden empfohlen. Hausente taugt nicht für die Ernährung. Bei Gans sollte man Wildgans bevorzugen. Anderes Wildbret, vor allem Reh- und Hirschfleisch und deren Leber, wird für Kranke und Gesunde empfohlen In der Hildegard-Ernährung gilt das Straußenfleisch als das beste, weil es am wenigsten Fett enthält. Es wird sogar in der Krankenkost empfohlen. Hildegard empfiehlt Lamm und Hammel für Gesunde und Kranke, allerdings sollte man es nicht im Winter essen. Rind- und Kalbfleisch sollten nur Gesunde essen. Bei Arthrose und Magen-Darm-Krankheiten empfiehlt Hildegard, abgekochte Kalbsfüße zu essen. Die Brühe (reich an natürlicher Gelatine) gilt als probates Mittel bei Gelenkabnutzungen, Bandscheibenschäden und Osteoporose. Schwerkranke Menschen können durch den sparsamen Verzehr von Schweinefleisch wieder zu Kräften kommen. Ansonsten verbannt Hildegard Schweinefleisch aus ihrer Küche. Das Fleisch von Ziegen wird für Gesunde und Kranke empfohlen, weil es die Verdauungsorgane stärkt.

Getränke
Wein wird empfohlen: Er soll fröhlich machen, für guten Schlaf sorgen und bei der Streßbewältigung helfen. Allerdings sollte man ihn mit Wasser verdünnen. Bier nährt, es macht dick, heißt es bei Hildegard. Dennoch wird es empfohlen, denn es macht eine schöne Gesichtsfarbe und nützt Gesunden und Kranken. Ganz besonders gesund soll das Dinkelbier sein. Mineralwasser soll die Verschleimung bei Lungenkranken fördern. Besser geeignet sind abgekochte Flüssigkeiten, zum Beispiel Tee von Kräutern, Hagebutten, Beerenstrauchblättern und Fenchel. Obstsäfte sollten mit Tee gemischt werden. Geeignet ist auch Dinkelkaffee, dem Hildegard eine abführende Wirkung zuschreibt.

Hagebutte
Sie wird für Gesunde empfohlen, aber auch bei Magen-Darm-Krankheiten. Bei schweren Krankheiten soll man sie nicht essen.

Himbeere
Weil Himbeeren »kalt« sind, empfiehlt Hildegard sie gekocht bei Fieber. Den Saft muß man trinken.

Ingwer
Er schadet einem gesunden Menschen, weil er ihn »unkonzentriert, dumm und faul und ausgelassen« macht. Nur wer körperlich sehr mager und schwach ist, soll Ingwer essen.

Johannisbeere
Empfohlen wird vor allem die schwarze Johannisbeere. Sie soll gegen Gicht, Rheuma und gegen »Verdichtung des Gehirns« helfen. Am besten wirkt sie kombiniert mit anderen Pflanzen.

Käse
Dicke Menschen sollten Hart- und Schnittkäse meiden und besser Frischkäse essen. Dünne Menschen können alle Käsesorten essen. Erkältungsanfällige Menschen und Lungenkranke warnt Hildegard vor gebackenem bzw. geschmolzenem Käse.

Kichererbse
Sie spielt vor allem im Orient als Volksnahrungsmittel eine wichtige Rolle. Bei Hildegard wird sie für Gesunde und Kranke empfohlen. Wie Bohnen enthält sie wertvolles Eiweiß, günstige Kohlenhydrate und reichlich Ballaststoffe. Über dem Feuer geröstete Kichererbsen empfiehlt Hildegard bei Fieber.

Kirsche
Sie schadet dem Gesunden nicht, kann aber bei Kranken (»mit schlechten Säften«) Beschwerden verursachen. Häufig kommt es nach dem Genuß von Kirschen zu Bauchschmerzen. Hildegard rät zur Vorbeugung zu einem Schluck guten Weins.

Knoblauch
Er ist in der Hildegard-Medizin ein geschätztes Heilmittel und schützt vor Infektionskrankheiten, wirkt antibakteriell, hilft bei Darmpilzen, ist cholesterinsenkend und durchblutungsfördernd. Hildegard empfiehlt, ihn roh zu essen. Auch Knoblauchsaft ist günstig.

Kohl und Kraut
Hildegard hält von diesen Gemüsearten nicht viel, weil »ihr Saft zu nichts nützt«. Nur schlanke Gesunde haben genug Kräfte, um dieses Gemüse zu verdauen.

Kornelkirsche
Die kleinen, vogelbeerähnlichen Früchte des wildwachsenden Strauches werden wegen ihrer Heilkräfte sehr geschätzt. Gesunde und Kranke können die Früchte frisch oder getrocknet verwenden und in der Küche als Gewürz für viele Speisen einsetzen.

Kürbis
Für Gesunde und Kranke gut sind Kürbisgewächse, zu denen auch die Squash-Sorten und Zucchini gehören. Über die Gurke, ebenfalls eine Kürbisart, hat Hildegard nichts geschrieben. Da sie auch nicht unter die »Küchengifte« fällt, ist anzunehmen, daß nichts gegen ihre Verwendung spricht.

Mandel, süße
»Wer ein leeres Gehirn hat und eine schlechte Gesichtsfarbe und daher Kopfweh, esse oft süße Mandeln.« Hildegard empfiehlt sie auch bei Lungen- und Leberleiden, und zwar roh oder gekocht. Süße Mandeln symbolisieren die Lebenskraft (»viriditas«), weil sie sehr nährstoffreich sind.

Maulbeere
Sie wird Gesunden und Kranken empfohlen und soll sich als Abkochung (3 EL Maulbeeren, 1 l Rotwein, 2 EL Weinessig, 150 g Honig) vor allem bei Leberleiden bewähren.

Meerrettich
Frischen Meerrettich sollten gesunde und kräftige Menschen nur im Frühjahr essen, weil er ihre Lebenskräfte durch »gute Säfte« stärkt. Alte Menschen sollten nur wenig Meerrettich essen.

Mispelbeere
Diese Wildbeere soll die Muskeln stärken und das Blut reinigen. Deshalb wird sie Gesunden und Kranken empfohlen. Verzehrt werden die Beerenfrüchte als Mus oder gekochte Marmelade.

Mohrrübe (Möhre, Karotte)
Das ist eine der beliebtesten Gemüsearten bei jung und alt. In der Hildegard-Küche gilt sie als günstig, gut sättigend, und sie wirkt wie ein Vitaminstoß. Tatsächlich sind die ballaststoffreichen Möhren gute Vitaminlieferanten. Gleiches trifft für ihre Verwandten zu, die Teltower Rübchen, die weiße Rübe oder Kohlrübe.

Orange und andere Zitrusfrüchte
Hildegard ordnet diese Früchte dem Bondziderbaum zu. Sie empfiehlt sie zum Schutz vor fieberhaften Infektionen (Erkältungskrankheiten, Grippe).

Pastinake
Dieses uralte Gemüse bildet lange, dicke Wurzeln und hat einen zarten, sellerieähnlichen Geschmack. Hildegard empfiehlt es für Gesunde und Kranke. Pastinaken werden am Jahresende geerntet und sind über den Winter gut lagerfähig. Sie sind ein gesundes und mineralstoffreiches Wintergemüse, das man sehr vielseitig zubereiten kann.

Quitte
Diese Früchte sind für Hildegard sehr empfehlenswert. Sie können von Gesunden und Kranken roh gegessen werden und helfen bei Gicht und rheumatischen Erkrankungen. Roh werden sie geraspelt und mit Sahne und Zucker oder Honig verrührt. Auch gekocht (als Mus, Quittengelee) und gedörrt haben sie Heilwirkung.

Radieschen/Rettich
Diese Wurzelgemüse empfiehlt Hildegard für Gesunde sogar als Rohkost. Sie sollen innerlich reinigen und schädliche Verdauungssäfte ausschwemmen.

Rote Bete
Sie soll gegart verzehrt werden und hilft bei Hautleiden, bei Ekzemen, Akne und Neurodermitis. Rote Bete ist sehr mineralstoffreich und hat einen hohen Ballaststoffgehalt.

Salat
Nach Hildegard sollte man alle Salatsorten der Zichorienfamilie (Endivien, Radicchio, Chicorée, Zuckerhut) meiden. Sie rät Gesunden, Chinakohl zu essen, alle anderen Salate sollten mit einer Essigmarinade angemacht werden. Feldsalat wird als Heilmittel gegen Gicht und Brustfellentzündung empfohlen.

Salz
Wie Essig soll Salz so dosiert werden, daß der Eigengeschmack der Speise nicht überdeckt wird.

Sellerie
Er »vermehrt die guten Säfte«, aber nur gegart.

Spinat
Hildegard billigt ihm eine verdauungsfördernde Wirkung zu.

Walnuß
Hildegard schätzt Walnüsse sehr, warnt aber Menschen mit Lungenleiden vor dem Verzehr von Walnußöl, weil »es den Fleischansatz des Menschen fett macht ... und die Verschleimung der Brust zunimmt ...«.

Zwiebel
Zwiebeln sind wichtig in der Küche, sollen aber stets gegart gegessen werden. Magenkranke sollen Zwiebeln meiden.

Die Hildegard-Ernährungslehre unter modernen Aspekten

Die Hildegard-Ernährung setzt bei dem inneren Wert der Nahrungsmittel an, nicht bei deren Geschmack, Vielseitigkeit oder der Art der Zubereitung und der Verfügbarkeit. Die »Subtilität«, wie dieser Wert von Hildegard genannt wird, bestimmt die Tauglichkeit des Lebensmittels für unsere Ernährung. Lebensmittel sind bei Hildegard aber nicht nur »Mittel zum Leben«, sondern sie können auch Heilmittel sein. Mediziner und Ernährungswissenschaftler schmunzeln oftmals über Hildegards Ratschläge, insbesondere aber über die Begründungen, die sie parat hat. Dies zeugt von Unwissenheit, Oberflächlichkeit und Dummheit.
Man sollte das Wissen und die Lehre der Hildegard nicht vorschnell belächeln, sondern sich damit beschäftigen, um den wahren Sinn zu erkennen. Denn sie hat uns tatsächlich einen großen Schatz an naturheilkundlichen Kenntnissen hinterlassen, die heute wieder mehr und mehr an Bedeutung gewinnen. Was gab es schon im 12. Jahrhundert an Nahrungsmitteln? Während der Adel schlemmte, lebte die breite Schicht bescheiden, vielfach ärmlich. Was für ein Geschenk Gottes, daß Hildegard in der Nahrung heilende Wirkungen erkannte und wußte, welche Nahrungsmittel für welche Krankheiten gut oder schlecht waren!
Zurück zur Natur, zurück zur Einfachheit der Ernährung, zurück zum rechten Maß in allen Dingen und hin zu einer aktiven Lebensweise, das predigten nach Hildegard berühmte Menschen wie Paracelsus, Sebastian Kneipp, Werner Kollath, Bircher-Benner und viele andere mehr. Bis heute haben diese Forderungen nichts an Aktualität verloren. Sehen wir die Hildegard-Medizin unter modernen Aspekten, so müssen wir vor dieser großartigen Frau den Hut ziehen. Sie forderte Vollwerternährung und eine betont pflanzliche Ernährung, sie warnte bei vielen Nahrungsmitteln vor dem Übermaß, sie räumte Gewürzen und Kräutern einen wichtigen Platz in der Küche und in der Heilkunde ein. Sie erkannte sogar, daß falsches Essen aufs Gemüt schlagen kann. Sie wußte, daß Essen auch etwas mit der Psyche zu tun hat. Was ist daran

überholt und falsch? Nichts. Aus diesem Grunde hat Hildegard viele Anhänger, Freunde und Förderer ihrer Philosophie.

Wenn Hildegard vor einzelnen Nahrungsmitteln warnt (z. B. vor den »Küchengiften« wie Erdbeeren, Schweinefleisch etc.), müssen wir diese Warnungen vor dem Hintergrund ihres Verständnisses vom Körper, der Säftelehre und nicht zuletzt auch der spirituellen Bedeutung des Menschen innerhalb des Kosmos sehen. Gesundheit ist bei Hildegard die Harmonie von Körper, Geist und Seele. Rein wissenschaftlich, ob medizinisch, chemisch oder ernährungsphysiologisch, läßt sich deshalb vieles nicht erklären. Wer also die heutigen Maßstäbe, den jetzigen Forschungsstand, an die Hildegard-Heilkunde anlegt, hat die ganze Thematik überhaupt nicht verstanden. Er wird auch Sebastian Kneipp nicht verstehen, der in seiner Resolutheit versuchte, die Menschen zurück zum Natürlichen und Bodenständigen zu bringen und ihnen Bescheidenheit predigte. Sie müßten dann auch einen »Vollwertapostel« wie Professor Dr. Werner Kollath ablehnen, der forderte: »Laßt die Nahrung so natürlich wie möglich« und dem Rohkostverbot von Hildegard widersprach. Jede Zeit hat ihre großen Ereignisse und ihre großartigen Menschen, die diese Zeit prägen. Jede Epoche profitiert von großen Frauen und Männern – das 12. Jahrhundert von Frauen wie der Äbtissin Hildegard von Bingen, das 20. Jahrhundert von hochkarätigen Naturwissenschaftlern, Medizinern und Forschern.

Rezepte

Die Rezepte beziehen sich – wenn nicht anders angegeben – auf vier Personen. Die Zutaten aus der Hildegard-Küche wie beispielsweise Dinkelkörner, Dinkelmehl, Dinkelkernotto, Dinkelgrütze, Dinkelkaffee, Kastanienmehl, Flohsamen etc. erhalten Sie im Reformhaus und im Naturkostladen. Die »Hildegard-Gewürze« gibt es auch in Apotheken, die sich auf die Hildegard-Naturheilkunde spezialisiert haben.

Abkürzungen:

EL	=	Eßlöffel
TL	=	Teelöffel
Msp.	=	Messerspitze
g	=	Gramm
kg	=	Kilogramm
ml	=	Milliliter ($1/1000$ l)
cl	=	Zentiliter ($1/100$ l)
dl	=	Deziliter ($1/10$ l)
TK	=	Tiefkühlkost

Frühstück

Schon Hildegard wußte um die große Bedeutung des Frühstücks für die Leistungsfähigkeit des Menschen. Aber bei ihr ist nur ein warmes Frühstück ein richtiges Frühstück. An erster Stelle steht bei der Auswahl von Frühstücksrezepten das Hildegardsche Habermus. Außerdem gibt es in der Hildegard-Kost morgens warmen Toast, Rühreier, warmes Dinkelmüsli und vieles andere mehr.

Hildegards Dinkelhabermus

*250 g Dinkelschrot, Dinkelgrütze, Dinkelflocken,
Dinkelkernotto oder eine Mischung aus allem
600 – 700 ml Wasser · 2 EL Honig · ½ TL Galgantpulver
½ TL Bertrampulver · reichlich Zimtpulver · 3 Äpfel · 1 EL Zitronensaft
2 EL gehackte Mandeln · 2 EL Flohsamen*

Dinkel mit Wasser zum Kochen bringen und dann etwa 15 Minuten unter gelegentlichem Durchrühren bei milder Hitze zugedeckt kochen. Honig und Gewürze untermischen. Äpfel waschen, abtrocknen, vierteln, Kerngehäuse herausschneiden und die Apfelviertel in Stückchen schneiden. Unter den Dinkelbrei mischen und einige Minuten mitgaren. Zitronensaft, Mandeln und Flohsamen unter das Habermus mischen und das Ganze warm servieren.

Hinweis: Unter Flohsamen versteht man Psyllisamen. Die Körner sind ganz klein und glitzern wie Flöhe, daher der Name. Flohsamen wird bei Hildegard eingesetzt, um die Verdauung zu fördern. Außerdem »erfreut Psyllium das bedrückte Gemüt des Menschen ... und stärkt seine Gesundheit.« Flohsamen ist mit Leinsamen vergleichbar.

Dinkelflockenbrei

*250 g Dinkelflocken · 600 – 700 ml heiße Milch · Galgantpulver
Zimtpulver · 2 EL Honig*

Dinkelflocken mit Milch übergießen, kurz durchrühren und mit Galgant, Zimt und Honig abschmecken. Auf vier Teller verteilen.

Haferflockenbrei mit Äpfeln

650 ml Milch · 225 g kernige Vollkornhaferflocken
50 g brauner Zucker · 1 Päckchen Vanillezucker
½ TL Zimtpulver · 300 g Äpfel

Milch zum Kochen bringen und die Haferflocken zusammen mit dem Zucker und dem Vanillezucker einrühren. Den Haferbrei mit Zimt würzen und vom Herd nehmen. Die Äpfel waschen, mit Küchenkrepp trockenreiben, vierteln, das Kerngehäuse herausschneiden und die Apfelviertel grob raspeln oder fein würfeln. Rasch (damit sie nicht braun werden) unter den heißen Haferbrei rühren und auf vier Teller verteilen.

Dinkelgrütze mit Brombeeren

250 g Dinkelgrütze · 500 ml Wasser · 100 ml Apfelsaft
2 EL Honig · 1 Msp. Galgantpulver · 1 Msp. Bertrampulver
2 Msp. Zimtpulver · 200 g Brombeeren · 75 g Sahne

Dinkelgrütze kalt abbrausen und abtropfen lassen. Wasser mit Apfelsaft aufkochen, die Grütze hineinrühren und das Ganze etwa 15 Minuten bei milder Hitze zugedeckt garen. Zwischendurch umrühren. Den Honig und die Gewürze einrühren und den Topf vom Herd nehmen. Die Brombeeren waschen, verlesen, putzen und zusammen mit der Sahne unter die heiße Grütze rühren. Zugedeckt 2 Minuten ziehen lassen, dann abschmecken und auf vier Teller verteilen.

Dinkelgrießsuppe

*300 ml Milch · 200 ml Wasser · 1 Stück Vanilleschote
100 g Dinkelgrieß · 75 g Rosinen
evtl. noch etwas Milch oder Sahne · 2 EL Honig*

Milch mit Wasser in eine Kasserolle geben. Die Vanilleschote der Länge nach aufschlitzen, das Mark herausschaben und zur Milch geben. Zum Kochen bringen und den Dinkelgrieß unter Rühren einrieseln lassen. Einmal aufwallen lassen, dann bei schwacher Hitze unter gelegentlichem Durchrühren etwa 3 Minuten ausquellen lassen. Die Rosinen heiß waschen, mit Küchenkrepp abtupfen und untermischen. Je nach gewünschter Konsistenz noch etwas Milch oder Sahne unterrühren. Das Ganze mit Honig abschmecken und warm servieren.

Hinweis: Die Suppe ist wohl die älteste warme Mahlzeit überhaupt. Bei unseren bäuerlichen Vorfahren wurde sie zum Frühstück serviert, meist als Milchsuppe, in der Getreide gekocht wurde. So war man gut gesättigt und gestärkt für die harte Arbeit auf dem Feld.

Pikante Dinkelsuppe mit Kerbel

*75 bis 100 g Dinkelgrütze · 500 ml Fleisch- oder Gemüsebrühe
(aus Würfeln oder Instantpulver) · weißer Pfeffer aus der Mühle
1 Bund Kerbel · 2 EL Sahnedickmilch*

Dinkelgrütze kalt abbrausen und abtropfen lassen. Mit der Brühe erhitzen und bei schwacher Hitze im geschlossenen Topf etwa 15 Minuten weich garen. Mit Pfeffer würzen. Den Kerbel waschen, trockenschütteln, die Blättchen von den Stielen zupfen, grob wiegen und unter die Suppe mischen. Sahnedickmilch einrühren und die Suppe auf vier Teller verteilen.

Dinkelpfannkuchen mit Apfelmus

FÜR DAS APFELMUS:
500 g Äpfel · Saft von ½ Zitrone · 2 EL Honig
FÜR DIE PFANNKUCHEN:
3 Eier (Gewichtsklasse M) · ½ TL Salz · 300 ml Milch
225 g feines Dinkelmehl (Type 630)
Sonnenblumenöl zum Ausbacken

Zunächst das Apfelmus herstellen: Die Äpfel waschen, vierteln, das Kerngehäuse herausschneiden und die Apfelviertel kleinschneiden. In wenig Wasser zusammen mit dem Zitronensaft etwa 10 Minuten bei milder Hitze zugedeckt dünsten, dann auf ein Sieb schütten und in einen Topf passieren. Das Mus mit dem Honig verrühren und offen etwas einkochen lassen, damit Flüssigkeit verdampft und das Mus dicklich wird. Dann das Apfelmus vom Herd nehmen. Die Eier in ein Rührgefäß schlagen, mit einem Schneebesen gut verquirlen, das Salz und die Milch unterrühren und nach und nach das Dinkelmehl daruntermischen. Alles zu einem glatten, dickflüssigen Teig verrühren. In einer beschichteten Pfanne 1 bis 2 EL Öl erhitzen. Aus dem Teig Pfannkuchen herausbacken, dafür stets nur eine kleine Schöpfkelle Teig abnehmen und in der Pfanne verlaufen lassen (am besten die Pfanne schwenken!). Die Pfannkuchen von beiden Seiten bei mittlerer Hitze knusprig und goldbraun herausbacken und nach jedem fertigen Pfannkuchen wieder etwas Öl in die Pfanne geben. Die Pfannkuchen zusammen mit dem warmen Apfelmus servieren.

Dinkelbrot mit pochiertem Ei

4 frische Eier (Gewichtsklasse M) · 250 ml trockener Weißwein
200 ml Wasser · ½ TL Salz · 4 Scheiben Dinkelbrot
Butter zum Bestreichen

Die Eier vorsichtig einzeln in vier Tassen schlagen. Den Wein zusammen mit Wasser und Salz in einem Topf zum Kochen bringen. Dann die Eier nacheinander hineingleiten lassen und etwa 5 Minuten ziehen lassen. Die Flüssigkeit darf nicht mehr kochen. Die pochierten Eier mit einem Schaumlöffel herausnehmen und mit Brot und Butter servieren.

Tip: Zur Abwechslung in der Hildegard-Kost kann man auch ein weichgekochtes Ei oder ein Rührei (evtl. mit Kräutern) oder Spiegelei essen.

Getoastetes Dinkelbrot mit Frischkäse

4 Scheiben Dinkelbrot
250 g Sahnequark (Speisequark mit 40 % F. i. Tr.)
Quittengelee, Hagebuttenmarmelade oder Honig nach Geschmack

Die Brotscheiben leicht toasten, dick mit Quark bestreichen und darauf Gelee, Marmelade oder Honig verteilen.

Variation: Wer lieber ein pikantes Frühstück mag, bestreut den Quark mit frischen Kräutern oder macht daraus einen Kräuterquark.

Warmes Dinkelmüsli mit Milch

200 g frisch gekochte Dinkelkörner · 50 g gehackte Haselnüsse
1 TL Flohsamen · 50 g Rosinen oder getrocknete Birnen
400 ml heiße Milch · brauner Zucker nach Geschmack

Die warmen Dinkelkörner mit den Nüssen, dem Flohsamen und den Rosinen mischen, auf vier Müslischälchen verteilen und die heiße Milch darübergeben. Das Müsli mit Zucker abschmecken.

Arme Ritter nach Art der Hildegard

150 ml Milch · 2 Eier (Gewichtsklasse S)
4 Scheiben Dinkelweißbrot oder Dinkeltoastbrot
Öl zum Ausbacken · Zimtpulver · brauner Zucker
Quittenmarmelade oder Apfelmus

Die Milch mit den Eiern kräftig verquirlen, Brotscheiben durch die Eiermilch ziehen und wenden. Etwas Öl in einer beschichteten Pfanne erhitzen und die getränkten Brotscheiben darin von beiden Seiten goldbraun ausbacken. Mit Zimt und Zucker bestreuen und mit Quittenmarmelade oder Apfelmus servieren.

Variation: Man kann in die Eiermilch noch feingeriebene süße Mandeln mischen, dann werden die Ritter besonders knusprig.

Gebratene Dinkel-Doppeldecker

8 Scheiben Dinkeltoastbrot oder Dinkelkastenbrot
4 Scheiben Gouda, Emmentaler oder Butterkäse
75 ml Milch · 2 Eier (Gewichtsklasse M) · Dinkelsemmelbrösel
Öl zum Ausbacken

Vier Brotscheiben nebeneinanderlegen. Jede mit einer Scheibe Käse und einer zweiten Brotscheibe bedecken. Die Milch mit den Eiern gut verquirlen, die Doppeldecker darin wenden, dabei auch die Seiten mit Eiermilch benetzen. Dann die Doppeldecker in den Semmelbröseln wenden. Das Öl in einer beschichteten Pfanne erhitzen und die Doppeldecker darin von beiden Seiten goldbraun und knusprig braten. Warm servieren.

Tip: Dinkelsemmelbrösel können Sie aus trockenen Dinkelbrötchen selbst herstellen. Die Brötchen oder Brotreste auf einer Kartoffelreibe fein reiben und in einem Einweckglas mit Deckel aufbewahren. Wenn die Brötchen noch zu weich zum Reiben sind, kann man sie im Backofen oder Mikrowellenherd aufbacken. Wenn sie erkaltet sind, können sie zu Bröseln verarbeitet werden.

Dinkelkaffee

4 Teile braungeröstete Dinkelkörner (sie geben den Geschmack)
1 Teil schwarzgeröstete Dinkelkörner (sie geben die Farbe)
Wasser

Dinkelkörner mischen. 2 EL davon mit ¼ l Wasser etwa 5 Minuten kochen. Die Körner abseihen. Der erste Sud ist eine Art »Dinkeltee« und recht hell, eher grünlich als braun. Man trinkt ihn mit Milch, Sahne oder pur. Die gekochten Körner mit 1 EL frischen Dinkelkörnern mischen und mit gut ¼ l Wasser auffüllen. Über Nacht stehenlassen und am nächsten Tag etwa 3 Minuten kochen. Abgießen und die Körner aufheben. Zu den Körnern vom ersten und zweiten Tag wieder 1 EL frische Körner geben. Mit etwa 300 ml Wasser über Nacht ziehen lassen, am nächsten Tag etwa 3 Minuten kochen, dann die Körner abseihen und die Abkochung trinken. Sie schmeckt wie guter Malzkaffee. Die Prozedur bis zum 6. Tag weiterführen, den Wasseranteil jedesmal etwas erhöhen. Auf dieser Art erhält man nach 4 bis 5 Wiederholungen den echten Dinkelkaffee, der schwarz sein muß und schmackhaft ist. Wenn die Körner geplatzt sind, wiederholen Sie den Vorgang mit frischen Körnern.

Hinweis: Dinkelkaffee sollte täglich zum Frühstück getrunken werden. Hildegard schreibt ihm eine verdauungsfördernde Wirkung zu.

Zwischenmahlzeiten

Hildegard empfiehlt nicht ausdrücklich, morgens und nachmittags eine Kleinigkeit zu essen. Wenn wir ihre Ernährungsratschläge und die Rezepte im heutigen Berufsalltag realisieren wollen, sollten wir jedoch nicht auf diese Zwischenmahlzeiten verzichten. Grundsätzlich ist ein Hildegardsches Dinkelfrühstück recht sättigend. Vielen reicht aber eine Scheibe Brot oder das warme Habermus nicht lange genug aus. Wer schon um 6 Uhr zur Arbeit muß, hat bis zum Mittagessen eine lange Hungerstrecke vor sich. Wenn andere ihre Brotzeit auspacken, sollte er um Hildegards willen nicht zusehen müssen. Deshalb gibt es bei mir für Hildegard-Anhänger auch die kleine Mahlzeit zwischendurch. Sie kann süß oder pikant sein. Dabei eignet sich vieles auch zum Mitnehmen an den Arbeitsplatz.

Dinkelbrot mit Frischkäse und Radieschen

*250 g Speisequark (20 oder 40 % F. i. Tr.) · weißer Pfeffer
Galgantpulver · Bertrampulver · grobgemahlener (Mutter-) Kümmel
Salz · 1 großes Bund Radieschen (ca. 300 g geputzt)
4 Scheiben Dinkelbrot*

Den Quark zusammen mit den Gewürzen und dem Salz glattrühren und pikant abschmecken. Die Radieschen waschen, die Blätter und die Wurzelenden abschneiden, die Knollen mit Küchenkrepp trockentupfen und in feine Scheiben schneiden. Nach Geschmack leicht salzen. Den Quark zusammen mit den Radieschen und dem Brot servieren.

Variation: Statt Radieschen kann man auch Rettich (in Scheiben oder grob geraspelt) verwenden.

Angemachter Romadur mit Brot

*250 g Romadur (20 oder 40 % F. i. Tr.)
2 EL Schmand (dicke saure Sahne mit 24 % Fett)
1 kleine Zwiebel · 1 Msp. Paprikapulver edelsüß
½ TL (Mutter-) Kümmel · Butter
4 Scheiben Dinkel- oder Roggenbrot*

Käse in feine Würfel schneiden und zusammen mit dem Schmand in einer Schüssel gut verrühren. Die Zwiebel abziehen und fein würfeln. Unter die Käsecreme rühren und die Masse mit Paprika und Kümmel (evtl. grob geschrotet) würzen. Die Käsecreme mit Butter und Brot anrichten.

Buntes Camembertbrot

2 Camembert (à 125 g, 45 % F. i. Tr.)
Paprikapulver edelsüß · ½ TL Kümmel · 2 EL Schnittlauchröllchen ·
Butter · 4 Scheiben Dinkelbrot

Den Camembert in Scheiben schneiden. Ein Drittel der Scheiben mit Paprika bestreuen, das zweite Drittel mit Kümmel. Die restlichen Käsescheiben in Schnittlauch drücken. Den Käse in bunter Reihenfolge auf einem Brotzeitbrett anrichten und mit Butter und Brot servieren.

Belegtes Brot mit geräucherter Putenbrust

200 g geräucherte Putenbrust in dünnen Scheiben
2 Gewürzgurken · Petersilie zum Garnieren
etwas Sahnemeerrettich aus dem Glas
Butter · 4 Scheiben Dinkelbrot

Putenbrustscheiben auf einem Brotzeitteller anordnen. Gurken in Fächer schneiden und hübsch darauf anrichten. Das Ganze mit Petersilie garnieren und zusammen mit Sahnemeerrettich, Butter und Brot servieren.

Tip: Belegte Brote sind ideal zum Mitnehmen geeignet, zum Beispiel für unterwegs oder als Zwischenmahlzeit am Arbeitsplatz. Statt des Brotes können Sie natürlich auch Dinkelbrötchen verwenden.

Dinkelreis mit Kirschen

100 g Dinkelkörner oder Dinkelkernotto (geschälte Dinkelkörner)
gut 100 ml Wasser · 100 ml Milch · 1 Prise Salz
Honig oder brauner Zucker zum Süßen · Zimt
250 g entsteinte Süßkirschen

Dinkelkörner oder -kernotto kalt abbrausen und abtropfen lassen. Wasser und Milch aufkochen, den Dinkel einrühren, salzen und zugedeckt bei schwacher Hitze 20 Minuten (Kernotto etwa 15 Minuten) kochen lassen. Zwischendurch umrühren. Honig oder Zucker und etwas Zimt unterrühren. Den Dinkelreis in vier Schalen füllen. Kirschen in wenig Wasser 3 Minuten zugedeckt dünsten, herausnehmen und auf dem Dinkelreis verteilen.

Sahnedickmilch mit roter Grütze

400 g gemischte Beeren (Himbeeren, Brombeeren, rote und schwarze
Johannisbeeren, evtl. auch Süßkirschen) · 3 EL Apfelsaft
40 g brauner Zucker · 1 EL Speisestärke
400 g Sahnedickmilch, gut gekühlt · 1 Scheibe Pumpernickel

Früchte waschen, verlesen, trockentupfen, dann putzen. Falls Kirschen mitverwendet werden, diese entsteinen und halbieren. Die Früchte zusammen mit Apfelsaft zugedeckt bei milder Hitze 5 Minuten dünsten. Zucker untermischen. Stärke mit 2 EL kaltem Wasser verrühren und unter die Früchte rühren. 3 Minuten bei schwacher Hitze köcheln lassen, dabei ab und zu durchrühren, damit nichts anbrennt. Abkühlen lassen. Sahnedickmilch glattrühren, abwechselnd mit der roten Grütze in vier Gläser schichten, die letzte Schicht sollte Sahnedickmilch sein. Die Pumpernickelscheibe zerkrümeln und auf die Portionen streuen.

Tip: Sahnedickmilch enthält 10 % Fett. Wer auf die Kalorien achten muß oder will, verwendet Dickmilch oder Joghurt.

Kerniger Ananasjoghurt

4 kleine Scheiben Ananas aus der Dose (à 35 g)
2 – 3 EL gekochte Dinkelkörner · 600 g Naturjoghurt (3,5 % Fett)
Honig oder brauner Zucker zum Abschmecken

Die Ananasscheiben gut abtropfen lassen und in kleine Stückchen schneiden. Zusammen mit den Dinkelkörnern unter den Joghurt rühren und das Ganze mit Honig oder Zucker abschmecken. Auf vier Schälchen verteilen.

Tip: Die Dinkelkörner können Sie am Vorabend einweichen und am nächsten Morgen garen. Am besten kochen Sie gleich eine größere Menge, denn in der Hildegard-Kost brauchen Sie täglich Dinkel. Bewahren Sie die gegarten Körner im Kühlschrank auf.

Bananenquark

300 g vollreife Bananen · 2 EL Zitronensaft
1 Päckchen Vanillezucker · Honig zum Abschmecken
2 EL Dinkel- oder Haferflocken · 250 g Speisequark (20 % F. i. Tr.)

Die Bananen schälen, in Stücke schneiden und mit einer Gabel fein zerdrücken. Den Zitronensaft und den Vanillezucker untermischen, das Mus mit Honig süßen und die Dinkelflocken untermengen. Den Quark in einer Schüssel glattrühren, das Bananenmus darunterziehen und die Masse auf vier Schälchen verteilen.

Kräuterkefir

*500 g fettarmer Kefir, gut gekühlt · 1 EL Zitronensaft
Galgantpulver · Bertrampulver · 1 Prise geriebene Muskatnuß
Salz oder Kräutersalz · 4 EL Schnittlauchröllchen
4 EL fein gewiegter Dill · 2 EL fein gewiegter Kerbel*

Kefir in ein hohes Rührgefäß geben und mit dem Zitronensaft, den Gewürzen und etwas Salz verquirlen. Die Schnittlauchröllchen und 3 EL Dill sowie den Kerbel unterrühren. Den restlichen Dill für die Garnitur beiseite stellen. Die Kräuter mit einem Passierstab unter den Kefir mischen. So wird der Drink gleichmäßig sämig und grün. Den restlichen Dill in ein Schälchen geben, vier Gläser am Rand anfeuchten, dann in den Dill drücken, so daß ein Dillrand entsteht. Den Kräuterkefir einfüllen.

Tip: Statt Kefir können Sie auch Buttermilch oder gerührten Magermilchjoghurt verwenden. Der Drink ist sehr erfrischend, reich an Kalzium und wegen des Gehalts an Milchsäure gut für die Darmfunktion.

Himbeerbuttermilch

*250 g Himbeeren · 2 EL Honig · 1 EL Zitronensaft
300 g Buttermilch, gut gekühlt*

Himbeeren waschen, verlesen, etwas trockentupfen, putzen und pürieren. Durch ein Haarsieb in ein Rührgefäß streichen und mit Honig und Zitronensaft verrühren. Die Buttermilch dazugeben und das Ganze kräftig verquirlen. Abschmecken und in vier Gläser füllen.

Apfel-Zimt-Dickmilch

3 Becher (à 200 g) Dickmilch (3,5 % Fett)
100 g Apfelmus
1 EL Honig · ½ TL Zimtpulver

Dickmilch in einer Schüssel glattrühren, das Apfelmus und den Honig untermischen und das Ganze mit Zimt würzen. In Schälchen füllen, kalt stellen und gut gekühlt servieren.

Variation: Statt Apfelmus können Sie auch Birnenmus verwenden. Sehr fein schmeckt Dickmilch, wenn Sie Hagebuttenmarmelade (»Hiffenmark«, gibt es fertig im Handel) darunterziehen. Dann können Sie auf den Honig verzichten. Mit Hagebuttenmarmelade kann man ein schönes Marmormuster in die Dickmilch ziehen.

Hagebuttenjoghurt

3 EL Hagebuttenmarmelade (»Hiffenmark«)
500 g Sahnejoghurt (oder Sahnedickmilch)
2 EL gewiegte Mandeln

Die Hagebuttenmarmelade unter den Joghurt rühren, dann die Mandeln untermischen und das Ganze in vier Schälchen füllen. Gut gekühlt servieren.

Suppen und Eintöpfe

Suppen sind in der Hildegard-Küche sehr wichtig, denn sie »wärmen« den Magen. Anders als die klassische Kochlehre empfiehlt Hildegard die umgekehrte Menü-Reihenfolge, nämlich eine kalte Vorspeise wie Salat erst nach einer warmen Suppe zu essen. Deshalb folgen in diesem Kochbuch die kalten Vorspeisen auch erst nach dem Suppenkapitel. Die Eintopfgerichte könnte man auch im Kapitel Hauptmahlzeiten vorstellen, denn mit etwas Brot ergeben sie ein komplettes und sättigendes Mittag- oder Abendessen.

Kräftige Kalbsbrühe (Grundrezept)

*2 – 3 Kalbsfüße · 1½ l Wasser · Salz · 150 g Karotten
150 g Knollensellerie · 1 große Zwiebel · 1 Zweig Liebstöckel
2 Zweige Ysop · 1 Lorbeerblatt · Galgantpulver · Instantbrühpulver
nach Geschmack · geriebene Muskatnuß · 2 EL Schnittlauchröllchen*

Die Kalbsfüße kalt abspülen, mit etwas Salz ins kochende Wasser geben und 5 Minuten kochen. Eiweißgerinnsel und Trübstoffe abschöpfen. Karotten und Sellerie waschen, putzen, schälen und grob zerkleinern. Die Zwiebel abziehen, dann vierteln. Kräuter waschen und trockenschütteln. Gemüse, Kräuter und Lorbeerblatt zur kochenden Brühe geben und alles bei leicht geöffnetem Deckel 2 Stunden köcheln lassen. Die Kalbsfüße aus der Brühe nehmen, die Brühe durch ein mit Küchenkrepp ausgelegtes Haarsieb in einen anderen Topf gießen und mit Galgant, Instantbrühpulver und Muskat abschmecken. Mit Schnittlauch bestreuen.

Kalbsbrühe mit Grießnockerln

*gut 1 l Kalbsbrühe (Grundrezept siehe oben)
2 Eier (Gewichtsklasse S) · Galgantpulver · Bertrampulver
1 EL gewiegter Quendel oder Kerbel oder Petersilie
1 Msp. geriebene Muskatnuß · Salz · 75 – 90 g Dinkelgrieß
1 Msp. Backpulver · 2 EL Schnittlauchröllchen*

Kalbsbrühe wie oben beschrieben zubereiten. Eier verquirlen, Gewürze, Kräuter und Salz untermischen. Grieß mit Backpulver mischen. Nach und nach die Dinkelgrießmischung unter die Eier rühren. Die Masse muß gut formbar sein. Deshalb nur so viel Grieß unterrühren wie nötig. Mit zwei Teelöffeln Nockerln abstechen und in die köchelnde Brühe geben. Offen 5 Minuten leise köcheln lassen, dann den Deckel auf den Topf legen und die Nockerln noch 10 Minuten bei schwächster Hitze ziehen lassen. Die Suppe mit Schnittlauch bestreuen.

Hühnerbrühe (Grundrezept)

1 Suppenhuhn (ca. 1 kg) · 1 große Zwiebel · 1 Lorbeerblatt
1 Gewürznelke · 100 g Karotten · 1 Stück Knollensellerie (ca. 100 g)
5 schwarze Pfefferkörner · Galgantpulver · Bertrampulver
2 Zweige Liebstöckel · frische Petersilie · Salz

Das Suppenhuhn gründlich waschen. Die Zwiebel bis auf die letzte braune Haut abziehen, dann vierteln. Das Huhn in einen großen Topf geben und so viel Wasser auffüllen, bis das ganze Huhn bedeckt ist (1½ bis 2 Liter). Zwiebelstücke, Lorbeerblatt und Nelke dazugeben. Sellerie und Karotten waschen, putzen, schälen und in grobe Stücke schneiden. Pfefferkörner zerdrücken. Gemüse und Gewürze hinzugeben und das Ganze zum Kochen bringen. Liebstöckel waschen, trockenschütteln und mit etwas Salz hinzugeben. Das Huhn bei leicht geöffnetem Deckel und mittlerer Hitze etwa 2½ Stunden garen, dann vorsichtig herausnehmen und für andere Zwecke (z. B. für Hähnchenragout, Hühnerfrikassee, Geflügelsalat) verwenden. Die Brühe durch ein mit Küchenkrepp ausgelegtes Haarsieb in einen anderen Topf gießen. Petersilie waschen, trockenschütteln, fein wiegen, in die Brühe geben und alles offen noch 10 Minuten weiterköcheln, damit Wasser verdampft und sich die Geschmacksstoffe konzentrieren. Mit Salz abschmecken.

Tip: Hühnerbrühe ist ideal für Kranke und Schwache, die wenig Appetit haben. Sie ist kräftig, aber trotzdem leicht bekömmlich, weil das Hühnerfett einen niedrigen Schmelzpunkt und ein günstiges Fettsäuremuster hat. Wenn das Suppenhuhn recht fett war, sollte man die Brühe vor der Weiterverarbeitung etwas entfetten. Als Suppeneinlage eignen sich feine Suppennudeln, Backerbsen, gekochte Dinkelkörner oder Dinkelkernotto, Gemüsestreifen etc. Man kann auch etwas Hühnerfleisch kleinschneiden und als Suppeneinlage verwenden.

Rindfleischsuppe (Grundrezept)

600 g Suppenfleisch vom Rind bzw. Ochsen (mit Knochen)
2 Zwiebeln · 2 Karotten · 100 g Knollensellerie
1 Zweig Liebstöckel · 1 Lorbeerblatt · 5 Wacholderbeeren
weißer Pfeffer · Salz

Das Suppenfleisch unter kaltem Wasser abspülen, mit Küchenkrepp abtupfen, in einen Topf geben und mit etwa 1½ l Wasser auffüllen. Es sollte ganz vom Wasser bedeckt sein. Zwiebeln bis auf die letzte braune Haut abziehen und vierteln. Karotten und Sellerie waschen, putzen, schälen und in grobe Stücke schneiden. Zusammen mit der Zwiebel zum Fleisch geben und zum Kochen bringen. Liebstöckel waschen, trockenschütteln und mit den Gewürzen dazugeben. Die Suppe einige Minuten kochen lassen, dann den Schaum abschöpfen und bei leicht geöffnetem Deckel und milder Hitze 1½ Stunde köcheln lassen. Das Fleisch herausnehmen und die Brühe durch ein mit Küchenkrepp ausgelegtes Haarsieb in einen anderen Topf gießen. Nochmals 15 Minuten offen köcheln lassen, damit sich die Geschmacksstoffe konzentrieren, dann abschmecken.

Variation: Wenn Sie Wert auf eine kräftige Brühe legen, setzen Sie das Fleisch (es muß nicht das teuerste sein!) dem kalten Wasser zu. Dann laugt es richtig aus und verleiht der Brühe einen guten Fleischgeschmack, ist selbst jedoch wenig schmackhaft. Wenn Sie aber mehr Wert auf das Fleisch legen, kaufen Sie ein gutes Stück Rindfleisch ohne Knochen und lassen sich dazu zwei Knochenstücke extra geben. Gemüse und Knochen setzen Sie dem kalten Wasser zu, das mit Pfeffer und Salz gewürzte Fleisch aber erst, wenn die Brühe kocht. Die Poren schließen sich sofort, das Fleisch laugt weniger aus und bleibt innen saftig. So bereiten Sie zum Beispiel Tafelspitz zu. Das gekochte Fleisch wird dann mit Meerrettichsauce, Preiselbeeren und Dinkelnudeln serviert.

Beeftea für Kranke (Fleischtee)

*1 kleine Karotte · 100 g Knollensellerie · 100 g Lauch
250 g Tatar (vom Ochsen) oder zerkleinertes, frisches Ochsenfleisch
5 cl trockener Sherry · 1 frisches Eiweiß
700 ml kräftige Rindfleisch- oder Kalbsbrühe (siehe Grundrezept)*

Gemüse waschen und putzen. Karotten und Sellerie schälen und fein würfeln, Lauch in feine Ringe schneiden. Das Gemüse zusammen mit dem Tatar in ein Einweckglas mit etwa 1,5 l Inhalt geben, den Sherry, das Eiweiß und die kalte Brühe dazugeben und das Glas mit einem Einmachring und einer Klammer gut verschließen. Den Inhalt kräftig durchschütteln, dann das Glas in einen hohen Topf auf ein Gitter stellen und den Topf so hoch mit Wasser füllen, daß das Glas bedeckt ist. Das Wasser zum Kochen bringen und bei milder Hitze und halbgeöffnetem Deckel gut 1 Stunde leise köcheln lassen. Ab und zu etwas Wasser nachgießen, damit das Glas ständig unter Wasser steht. Das Kochwasser abkühlen lassen, bis es lauwarm ist, dann das Glas herausnehmen und den Inhalt durch ein sauberes Tuch in einen Topf laufen lassen. Falls nötig kurz erhitzen, dann in Tassen füllen.

Tip: Beeftea ist eine beliebte, kräftige Brühe für Kranke und Genesende. Sie wird wie Tee in Tassen serviert. Auch für Gesunde ist sie ein angenehmer Magenwärmer an kalten wie an warmen Tagen. Die Brühe ist reich an Eiweiß und Mineralstoffen, enthält aber so gut wie gar kein Fett.

Klare Gemüsesuppe

*500 g frisches Gemüse (Karotten, Knollen- oder Staudensellerie, Fenchelknolle, Pastinake, Kohlrabi) · 1 EL Butter
1 l Fleischbrühe (selbst gekocht oder aus Würfeln oder Instantpulver)
1 frischer Zweig Liebstöckel · 1 Zweig Quendel oder Thymian
1/2 TL getrockneter Majoran · 1 Msp. Galgantpulver
1 Msp. Bertrampulver
1 Prise geriebene Muskatnuß · Salz*

Gemüse waschen, putzen, je nach Sorte schälen, dann kleinschneiden. Butter in einem Topf erhitzen, das Gemüse dazugeben und unter gelegentlichem Durchrühren 5 Minuten bei milder Hitze andünsten. Die Brühe hinzugeben und zum Kochen bringen. Zugedeckt bei milder Hitze 10 Minuten köcheln lassen. Den Liebstöckel- und Quendel- oder Thymianzweig waschen, trockentupfen, die Blättchen von den Stielen zupfen und mit dem Majoran zur Suppe geben. Die Gemüsesuppe zugedeckt noch 5 Minuten durchköcheln lassen, dann mit den Gewürzen und Salz abschmecken.

Variation: Statt der Pastinake können Sie auch eine Kartoffel verwenden. Die Gemüsesuppe kann man auch pürieren. Besonders fein schmeckt diese »pürierte Gemüsesuppe«, wenn Sie sie mit 2 EL saurer Sahne oder Crème fraîche abrunden.

Klare Karotten-Dinkel-Suppe

*300 g Karotten · ½ kleine Zwiebel · ½ Bund glatte Petersilie
1 EL Butter · 50 g Dinkelkernotto · 800 ml Fleisch- oder Gemüsebrühe
(aus Würfeln oder Instantpulver) · 1 Prise Galgantpulver
1 Prise Bertrampulver · 1 Prise geriebene Muskatnuß · Salz*

Die Karotten waschen, putzen und in kleine Würfel schneiden. Die Zwiebelhälfte abziehen und fein würfeln. Die Petersilie waschen, trockenschütteln und fein wiegen. Die Butter in einem Topf erhitzen und die Zwiebelwürfel darin unter Rühren glasig werden lassen. Die Karotten und die Petersilie dazugeben und kurz mitdünsten. Die Dinkelkörner kurz überbrausen, abtropfen lassen und untermischen. Unter Rühren 1 Minute mitdünsten, dann die Brühe angießen und das Ganze zugedeckt bei milder Hitze etwa 10 Minuten köcheln lassen. Die Suppe mit den Gewürzen und mit Salz abschmecken.

Karottencremesuppe

*500 g Karotten · 1 EL Butter · 1 Prise Galgantpulver
1 Prise Bertrampulver · Salz · 50 g Sahne
500 ml kräftige Fleisch- oder Hühnerbrühe · ½ Bund Petersilie*

Die Karotten waschen, putzen, schälen und in ½ cm dicke Scheiben schneiden. Die Butter in einem Topf erhitzen und die Karotten darin unter Rühren andünsten. Mit den Gewürzen und etwas Salz bestreuen und das Gemüse mit der Sahne ablöschen. Zugedeckt bei milder Hitze 5 Minuten durchköcheln lassen, dann die Hälfte der Brühe dazugießen und das Ganze zugedeckt weitere 10 Minuten köcheln lassen. Mit einem Passierstab fein pürieren, dabei die restliche Brühe unterrühren. Die Suppe nochmals aufkochen lassen, dann abschmecken. Die Petersilie waschen, trockenschütteln, die Blättchen fein wiegen und auf die Suppe streuen.

Fenchelcremesuppe mit Dinkelcroutons

*500 g Fenchelknollen mit Grün · 1 EL Butter · 1 Prise Galgantpulver
1 Prise Bertrampulver · 1 Zweig Quendel oder Thymian
weißer Pfeffer · Salz · 50 g Sahne · 600 ml Fleisch- oder
Gemüsebrühe (aus Würfeln oder Instantpulver)
3 Scheiben Dinkeltoastbrot*

Fenchel waschen, putzen, die Stiele mit dem Grün abschneiden. Das Grün grob wiegen, die Fenchelknolle und die Stiele kleinschneiden. Butter in einem Topf erhitzen und die Fenchelstücke darin unter Rühren andünsten. Das Grün und die Gewürze untermischen. Quendel oder Thymian waschen, mit Küchenkrepp etwas abtupfen, dann die Blättchen von den Stielen zupfen und zum Fenchel geben. Gemüse mit Pfeffer und Salz würzen und die Sahne unterrühren. 10 Minuten zugedeckt bei milder Hitze durchköcheln lassen, dann etwas Brühe angießen und weitere 5 Minuten köcheln lassen. Mit einem Passierstab pürieren, die restliche Brühe hinzugeben und die Suppe aufkochen lassen. Mit den Gewürzen und mit Salz abschmecken. Das Brot gold-braun toasten und in Würfel schneiden. Die Suppe in vier vorgewärmte Suppentassen verteilen und die Toastbrotwürfel darauf streuen.

Rote-Bete-Cremesuppe mit Sauerrahm

*500 g Rote-Bete-Knollen, möglichst gleichgroß · ½ kleine Zwiebel
1 EL Butter · ½ TL (Mutter-) Kümmel · ½ TL Anissamen
1 TL Zitronensaft · 600 ml Gemüsebrühe (aus Instantpulver)
100 g saure Sahne (10 % Fett)*

Rote Bete gründlich waschen und putzen, in einen Topf geben und knapp mit Wasser bedeckt garen. Abschrecken, schälen und etwas abkühlen lassen. Dann in Würfel schneiden. Die Zwiebelhälfte abziehen und fein würfeln. Butter in einem Topf erhitzen, die Zwiebelwürfel darin glasig werden lassen, dann die

Rote-Bete-Würfel dazugeben und das Ganze mit Gewürzen und Zitronensaft vermengen. Etwas Brühe angießen, das Gemüse zugedeckt 5 Minuten durchköcheln, dann die Mischung mit einem Passierstab fein pürieren. Die restliche Brühe hinzufügen und die Suppe offen 5 Minuten leise köcheln lassen. Abschmecken, auf vier Suppentassen verteilen und auf jede Portion 1 EL saure Sahne setzen.

Selleriecremesuppe mit Quendel

*300 g Knollensellerie · ½ kleine Zwiebel · 3 Zweige Quendel
gut 1 EL Butter (25 g) · 1 Prise Galgantpulver · 1 Prise Bertrampulver
1 Prise geriebene Muskatnuß · 1 TL Zitronensaft
1 Msp. brauner Zucker · Salz · 1 EL feines Dinkelmehl · 100 g Sahne
600 ml Gemüse- oder Kalbsbrühe
fein gewiegte Petersilie zum Bestreuen*

Sellerie waschen, putzen und sorgfältig schälen, dann sehr fein würfeln. Die Zwiebelhälfte abziehen und fein würfeln. Quendel waschen, mit Küchenkrepp trockentupfen und die Blättchen von den Stielen zupfen. In einem Topf die Butter erhitzen und die Zwiebelwürfel darin glasig werden lassen. Sellerie und Quendel hinzugeben und unter Rühren bei milder Hitze gut andünsten, aber nicht bräunen. Gewürze, Zitronensaft, Zucker und etwas Salz untermischen, dann das Gemüse mit Mehl überstäuben und durchrühren. Die Mischung leicht anschwitzen, den Topf vom Herd nehmen und die Sahne einrühren. Kurz aufkochen lassen, dann unter Rühren die Brühe langsam dazugeben. Alles 10 Minuten bei schwacher Hitze durchköcheln lassen, dabei gelegentlich mit einem Schneebesen umrühren. Dann die Suppe mit einem Passierstab pürieren, abschmecken, nochmals aufwallen lassen, mit Petersilie bestreuen.

Champignoncremesuppe

300 g frische Champignons · ½ kleine Zwiebel · 2 EL Butter
2 EL Maronimehl (40 g, Kastanienmehl) · 75 g Sahne · weißer Pfeffer
1 Prise Griechenkleemischpulver (Bockshornklee)
1 Prise geriebene Muskatnuß · 1 Spritzer Zitronensaft
800 ml Kalbsbrühe (siehe Grundrezept) oder Fleischbrühe aus Würfeln
bzw. Instantpulver · Salz · ½ Bund Kerbel

Champignons waschen, putzen, kleinschneiden. Zwiebelhälfte abziehen und fein würfeln. In einem Topf die Butter erhitzen und die Zwiebelwürfel darin glasig werden lassen. Pilze dazugeben und unter Rühren andünsten. Maronimehl darüber stäuben und bei milder Hitze durchschwitzen. Den Topf vom Herd nehmen und die Sahne unterrühren. Gewürze und Zitronensaft untermischen und den Topf wieder auf die heiße Herdplatte setzen. Unter ständigem Rühren die Brühe zufügen, zwischendurch immer wieder kurz durchköcheln lassen. Wenn die gesamte Flüssigkeit zugegeben ist, die Suppe bei schwacher Hitze noch 5 Minuten köcheln lassen, salzen. Inzwischen den Kerbel waschen, trockenschütteln und fein wiegen. Unter die Suppe mischen.

Tip: Griechenkleemischpulver bekommt man wie Galgant, Bertram, Quendel und Ysop in Hildegard-Apotheken.

Spargelcremesuppe

350 g Spargel (Abschnitte oder Bruchspargel) · 1 l Wasser
1 Stückchen Butter · ½ TL Zucker · Salz · 2 EL feines Dinkelmehl
100 g Sahne · 1 Prise Galgantpulver · 1 Prise geriebene Muskatnuß
1 Spritzer Zitronensaft · nach Geschmack etwas Instant-Gemüsebrühe
2 EL fein gewiegte Petersilie oder Kerbel

Spargel waschen und schälen. Die Schalen in einen Topf geben, einen Siebeinsatz hineinhängen und Wasser, Butter, Zucker und etwas Salz hinzugeben. Spargel kleinschneiden, in den Siebeinsatz geben und samt den Schalen etwa 20 Minuten leise köcheln lassen. Spargelstücke herausnehmen, abtropfen lassen und beiseite stellen. Spargelschalen offen bei schwacher Hitze noch weitere 20 Minuten köcheln lassen. Dann das Spargelwasser durch ein Haarsieb in einen anderen Topf gießen und zum Kochen bringen. Mehl mit der Sahne verrühren und in die Spargelbrühe einrühren. Die Brühe aufkochen lassen und unter gelegentlichem Durchrühren 5 Minuten leise köcheln lassen. Die Spargelstücke dazugeben und die Suppe mit Gewürzen, Zitronensaft und evtl. etwas Instantbrühe und Salz abschmecken. Mit Petersilie oder Kerbel bestreuen.

Spinatsuppe mit Dinkel

200 g frischer Blattspinat · ½ kleine Zwiebel
1 kleine Knoblauchzehe
1 EL Butter · 2 EL feines Dinkelmehl
100 g Sahne · 700 ml Gemüse- oder Fleischbrühe
60 g gegarte Dinkelkörner · 1 Prise Galgantpulver
1 Prise geriebene Muskatnuß · Salz

Spinat waschen, verlesen und die Blätter in reichlich kochendes Wasser geben. Kurz ziehen lassen, dann auf einem Sieb abtropfen lassen. Zwiebelhälfte und Knoblauchzehe abziehen und fein würfeln. Butter in einem Topf erhitzen und die Zwiebel- und Knoblauchwürfel darin hell andünsten. Mehl darüberstäuben, kurz unter Rühren anschwitzen, den Topf vom Herd nehmen und die Mehlschwitze mit Sahne ablöschen. Alles mit einem Schneebesen gut verrühren, dabei wieder erhitzen und aufkochen lassen. Etwas Brühe dazugießen und unter Rühren etwa 5 Minuten köcheln lassen. Den Spinat dazugeben und die Mischung mit einem Passierstab grob pürieren. Dann die restliche Brühe und die Dinkelkörner unterrühren, die Suppe einmal aufkochen lassen und mit Gewürzen und Salz abschmecken.

Kürbissuppe, süß-sauer

500 g gelber Kürbis (Fruchtfleisch) · 1 Zwiebel
1 – 2 Knoblauchzehen · 1 EL Butter · 125 ml trockener Weißwein
1 Prise Galgantpulver · 1 Prise Bertrampulver
1 Prise geriebene Muskatnuß · Salz
3 EL gemischte frische Kräuter (Quendel, Dill, Kerbel)
100 g Sahne · 600 ml Gemüsebrühe (aus Instantpulver)
Weißweinessig und Zucker zum Abschmecken

Kürbis waschen, schälen, Kerne entfernen und Fruchtfleisch würfeln. Zwiebel und Knoblauch abziehen und fein würfeln. Butter in einem Topf erhitzen und die Zwiebel- und Knoblauchwürfel darin glasig werden lassen. Kürbisstücke dazugeben und kurz mitdünsten. Wein und Gewürze hinzugeben und zugedeckt bei milder Hitze 10 Minuten schmoren. Etwas Salz und die Kräuter hinzugeben, gut durchrühren, dann Sahne untermischen und das Gemüse offen noch weitere 5 Minuten garen. Mit einem Passierstab pürieren, dabei stets etwas Brühe unterrühren, dann den Rest der Brühe hinzugeben, alles gut verquirlen und nochmals aufkochen lassen. Mit Essig und Zucker süß-sauer abschmecken.

Zwiebelsuppe nach französischer Art

500 g Zwiebeln · 25 g Butter · weißer Pfeffer aus der Mühle
grob gemahlener Kümmel · 100 ml trockener Rotwein
700 g Kalbs- oder Fleischbrühe · 1 Prise geriebene Muskatnuß
Salz · 4 Scheiben Dinkeltoastbrot · 4 kleine Scheiben Emmentaler oder
ein anderer, gut schmelzender Schnittkäse

Zwiebeln abziehen, in feine Scheiben schneiden. Butter in einem Topf erhitzen und die Zwiebeln darin von allen Seiten glasig dünsten. Deckel auflegen und 10 Minuten schmoren lassen. Mit Pfeffer und Kümmel würzen und den Rotwein angießen. Zwiebeln zugedeckt weitere 20 Minuten bei schwacher Hitze schmoren lassen, die Brühe angießen und mit Muskat und wenig Salz abschmecken. Grill oder Backofen auf 180 °C vorheizen. Suppe in vier Suppentassen füllen. Brot leicht toasten, so zurechtschneiden, daß es genau in die Suppentasse paßt und eine Scheibe auf jede Suppenportion legen. Darauf den Käse legen. Die Suppe überbacken, bis der Käse schmilzt.

Tip: Statt Käse in Scheiben kann man auch geraspelten Käse verwenden. Die Zwiebeln müssen relativ lange schmoren, denn dadurch verliert sich die Schärfe. Die Suppe wird so auch etwas sämig und braucht nicht gebunden zu werden.

Feines Kräutersüppchen

1 Zwiebel · 1 Knoblauchzehe · 100 g frische gemischte Kräuter (Brunnenkresse, Petersilie, Kerbel, Dill, wenig Estragon, wenig Bohnenkraut, Quendel, Majoran, Basilikum, wenig Liebstöckel, wenig Salbei, Ysop) · gut 1 EL Butter (25 g) · 1 Prise Galgantpulver 1 Prise Bertrampulver · Salz · 5 cl trockener Sherry 1 Becher Sahne (200 g) · 700 ml Kalbsbrühe (siehe S. 70) ½ Bund Kerbel zum Bestreuen

Zwiebel und Knoblauchzehe abziehen und sehr fein würfeln. Kräuter waschen, trockentupfen, Blättchen und zarte Stiele fein wiegen. Butter in einem Topf erhitzen und die Zwiebel- und Knoblauchwürfel darin unter Rühren glasig werden lassen. Kräuter dazugeben und nur kurz mitdünsten, dann würzen und salzen. Sherry unterrühren und die Kräutermischung offen 3 Minuten einkochen lassen. Sahne unterrühren und offen wieder 3 Minuten leise köcheln lassen. Dann die Brühe unterrühren und die Suppe aufkochen, abschmecken. Mit Kerbel bestreuen.

Tip: Geschmacksintensive, leicht vorschmeckende Kräuter nur in kleinen Mengen (1 Blättchen, 1 Zweig) verwenden.

Gurkencremesuppe mit Dill

500 g Salatgurke · ½ kleine Zwiebel · 1 Knoblauchzehe
1 großer Bund Dill · 1 EL Butter · 2 EL feines Dinkelmehl
100 g Sahne · 750 ml Fleisch- oder Gemüsebrühe (aus Instantpulver oder
Würfeln) · weißer Pfeffer oder Galgantpulver · 1 Prise geriebene
Muskatnuß · Salz

Gurke schälen, der Länge nach halbieren und fein würfeln. Zwiebelhälfte und Knoblauchzehe abziehen und ebenfalls fein würfeln. Dill waschen, trockentupfen, die groben Stengel entfernen und die zarten Zweige fein wiegen. Butter in einem Topf erhitzen, Zwiebel- und Knoblauchwürfel darin andünsten, dann das Mehl darüberstäuben und unter Rühren anschwitzen. Den Topf vom Herd nehmen und die Mehlschwitze mit Sahne ablöschen. Mit einem Schneebesen zu einem glatten Brei verrühren, wieder auf die Herdplatte setzen und unter Rühren weiterschwitzen, bis sich der Brei vom Topfboden löst. Unter ständigem Rühren die Brühe zugeben und zum Kochen bringen. Weiterrühren, Gurkenwürfel und Dill dazugeben und 5 Minuten mitkochen. Die Suppe mit den Gewürzen und etwas Salz abschmecken.

Variation: Statt Gurke können Sie auch Zucchini nehmen. Würzen Sie zusätzlich noch mit etwas Thymian und Majoran.

Rote-Bete-Eintopf

600 g Rote-Bete-Knollen · 75 g Knollensellerie · 75 g Karotten
1 Zwiebel · gut 1 EL Butter (25 g) · Galgantpulver · Bertrampulver
schwarzer Pfeffer aus der Mühle · 1 Lorbeerblatt
1 Msp. Kümmel · Salz · 600 – 700 ml Fleischbrühe (selbstgekocht oder
aus Würfeln bzw. Instantpulver) · 250 g gut abgehangenes, mageres
Ochsenfleisch (zum Schmoren) · 2 EL saure Sahne (10 % Fett)
2 EL fein gewiegter Kerbel

Gemüse waschen, putzen und schälen. Dann in Würfel mit 1 cm Kantenlänge schneiden. Zwiebel abziehen und fein würfeln. Butter in einem großen Topf erhitzen, Zwiebelwürfel darin glasig werden lassen, dann das Gemüse darin andünsten. Gewürze, etwas Salz und die Brühe nach und nach dazugeben. Das Gemüse zwischendurch immer wieder aufkochen lassen. Fleisch in Würfel schneiden, untermischen und alles zugedeckt bei milder Hitze 45 Minuten köcheln lassen. Zwischendurch immer wieder durchrühren. Lorbeerblatt herausnehmen, den Eintopf abschmecken, nach Bedarf noch etwas Brühe hinzufügen, mit saurer Sahne verfeinern und Kerbel untermischen.

Fenchel-Lamm-Eintopf

300 g mageres Lammfleisch · 1 Zwiebel · 2 – 3 Knoblauchzehen
100 g Karotten · 100 g Pastinaken · 300 g Fenchelknolle mit Grün
1 Zweig Quendel · ½ Bund Petersilie · ½ Bund Dill
2 – 3 EL Sonnenblumenöl · Galgantpulver · Bertrampulver
Salz · 500 ml Fleischbrühe (aus Würfeln oder Instantpulver)
2 EL Crème fraîche nach Belieben

Fleisch kalt abspülen, trockentupfen und in mundgerechte Würfel schneiden. Zwiebel und Knoblauchzehen abziehen und fein würfeln. Karotten und Pastinaken waschen, putzen, schälen und in Würfel schneiden. Fenchel waschen, putzen, die Stiele mit dem Grün abschneiden und fein wiegen, die Knolle in Streifen schneiden. Kräuter waschen, trockentupfen und fein wiegen. Öl in einem weiten Topf erhitzen und das Fleisch darin von allen Seiten scharf anbraten. Mit Gewürzen und Salz bestreuen und die Zwiebel- und Knoblauchwürfel hinzugeben. Unter Rühren hell anbraten. Dann das Gemüse und die Kräuter untermischen, das Ganze unter gelegentlichem Durchrühren gut andünsten, die Brühe angießen und den Eintopf zugedeckt bei milder Hitze 25 Minuten schmoren lassen. Mit den Gewürzen und etwas Salz abschmecken und nach Belieben mit Crème fraîche servieren.

Kichererbseneintopf

*100 g Kichererbsen (Trockengewicht) · 1 Zwiebel
1 Knoblauchzehe · 100 g Karotten · 50 g Knollensellerie
200 g gegartes Hähnchenfleisch (z. B. Reste von Brathähnchen oder gekochtem Suppenhuhn) ohne Haut · 1 EL Butter
800 ml Fleisch- oder Hühnerbrühe (selbstgekocht oder aus Instantpulver)
Galgantpulver · Bertrampulver
Griechenkleemischpulver oder milder Curry · Salz
2 EL gewiegte Petersilie*

Kichererbsen über Nacht in Wasser einweichen. Am nächsten Tag abgießen. Zwiebel und Knoblauchzehe abziehen und fein würfeln. Gemüse waschen, putzen, schälen und in feine Streifen schneiden. Hähnchenfleisch in mundgerechte Stücke schneiden. Butter in einem Schnellkochtopf erhitzen und die Zwiebel- und Knoblauchwürfel darin glasig werden lassen. Kichererbsen und etwa 300 ml Brühe dazugeben. Topf verschließen und etwa 20 Minuten kochen. Topf öffnen, Gemüse, Gewürze und etwas Salz hinzufügen und wieder etwas Brühe angießen. Weitere 20 Minuten mit normalem Deckel zugedeckt köcheln lassen. Das Fleisch untermischen und die restliche Brühe zusetzen. Den Eintopf weitere 10 Minuten garen, dann abschmecken und mit Petersilie bestreuen.

Grüner Bohneneintopf mit Leberknödeln

400 g junge grüne Bohnen · 1 Zwiebel
2 Knoblauchzehen · 100 g Karotten · 1 EL Butter · Galgantpulver
Bertrampulver · schwarzer Pfeffer aus der Mühle · Salz
750 ml Fleischbrühe · 1 gestr. TL getrocknete Kräuter der Provence
1 Zweig frisches Bohnenkraut

FÜR DIE LEBERKNÖDEL:
200 g durchgedrehte Hähnchenleber
1 kleines Ei (Gewichtsklasse S)
1 Scheibe altbackenes Dinkeltoastbrot · weißer Pfeffer
Salz · ½ TL getrockneter Majoran
Semmelbrösel nach Bedarf

Die Bohnen waschen, putzen und in 3 cm lange Stücke schneiden. Zwiebel und Knoblauchzehen abziehen und fein würfeln. Karotten waschen, putzen, schälen und ebenfalls würfeln. Butter in einem weiten Topf erhitzen und die Zwiebel- und Knoblauchwürfel darin glasig werden lassen. Bohnen und Karotten dazugeben, unter Rühren gut andünsten, dann Gewürze und etwas Salz dazugeben. Die Brühe angießen und den Eintopf zum Kochen bringen. Die getrockneten Kräuter dazugeben. Bohnenkraut waschen, trockentupfen und ebenfalls zufügen. Den Eintopf etwa 15 Minuten bei milder Hitze köcheln lassen. Inzwischen die Leberknödel zubereiten: Die Hähnchenleber zusammen mit dem Ei in eine Schüssel geben und gut verrühren. Brot in heißem Wasser einweichen, gut ausdrücken und dazugeben. Alles verrühren, mit Pfeffer, Salz und Majoran würzen und so viele Semmelbrösel untermischen, bis ein formbarer Teig entsteht. Reichlich Salzwasser aufkochen, mit zwei Teelöffeln Nockerln aus dem Teig formen und hineingeben. Die Nockerln einige Minuten ziehen lassen, das Wasser sollte nicht sprudelnd kochen. Dann mit einer Schaumkelle herausnehmen, in Teller oder Suppentassen verteilen. Den Bohneneintopf abschmecken und darübergießen.

Kalte und warme Vorspeisen

Hildegard empfiehlt bei Menüs, vor kalten Speisen zunächst den Magen mit einer warmen Speise zu wärmen. Die Menüfolge erfolgt also bei Hildegard anders als in der klassischen Küche. Es wechseln sich quasi warme und kalte Speisen ab: Zunächst die warme Suppe, dann kann eine kalte Vorspeise oder ein Salat folgen, dann das warme Hauptgericht (evtl. mit Salat) und zuletzt das Dessert, das kalt oder warm sein darf. Wenn es keine Suppe als Vorspeise gibt, sollte eine andere warme Vorspeise das Menü eröffnen. In diesem Kapitel finden Sie raffinierte und köstliche Beispiele für warme und kalte Vorspeisen.

Camembertsoufflé mit Rote-Bete-Carpaccio

Für das Carpaccio:
600 g kleine Rote-Bete-Knollen · 2 EL trockener Weißwein
2 EL Weißweinessig · weißer Pfeffer aus der Mühle · Galgantpulver
Salz · 3 zerstoßene Korianderkörner · 1 Prise frisch geriebene
Muskatnuß · 6 Zweige frischer Kerbel

Für das Soufflé:
40 g Butter · 40 g feines Dinkelmehl · ¼ l Milch
200 g reifer Camembert (45% F. i. Tr., nach Belieben entrindet)
4 frische Eier (Gewichtsklasse M)
Butter und Semmelbrösel für die Förmchen

Rote Bete gut waschen, putzen und die Knollen knapp mit Wasser bedeckt etwa 45 Minuten garen. Dann kalt abschrecken, die Schale abziehen und abkühlen lassen. Inzwischen das Soufflé zubereiten: Butter in einer Kasserolle zerlassen und das Mehl darin hell anschwitzen. Milch dazugießen, mit einem Schneebesen glattrühren und aufkochen lassen. Die Sauce mit den Gewürzen abschmecken. Camembert in kleine Würfel schneiden, zur Sauce geben und bei schwacher Hitze unter Rühren schmelzen. Eier trennen, das Eigelb langsam unter die Käsemasse rühren und den Topf vom Herd nehmen. Das Eiweiß zu steifem Schnee schlagen und gleichmäßig unter die Käsemasse heben. Vier Souffléförmchen mit Butter ausstreichen und mit Semmelbröseln ausstreuen. Die Käsemasse ⅔ hoch einfüllen und bei 225° C etwa 15 Minuten backen. Inzwischen die Rote-Bete-Knollen in sehr feine Scheiben schneiden und auf vier Tellern anrichten. Wein, Essig und die Gewürze verrühren und die Marinade über die Rote-Bete-Scheiben träufeln. Kerbel waschen, trockentupfen und die Blättchen darüber verteilen. Das Soufflé mit dem Carpaccio anrichten.

Variation: Statt Camembert kann man auch Edelpilzkäse verwenden. Da diese Käsesorten sehr geschmacksintensiv sind, die Masse nicht oder nur wenig salzen.

Omelette mit Pilzen

*250 g frische Pilze (Champignons, Steinpilze, Pfifferlinge,
Maronen, gemischte Waldpilze, Austernpilze)
25 g Butter · Galgantpulver · Bertrampulver
1 Prise geriebene Muskatnuß · 1 kleine Knoblauchzehe
Salz · ½ Bund Petersilie oder Kerbel
4 frische Eier (Gewichtsklasse M) · 50 ml Milch
1 EL feines Dinkelmehl · Butter zum Braten*

Pilze waschen, trockentupfen, putzen und blättrig schneiden. Butter in einer beschichteten Pfanne erhitzen und die Pilze darin anbraten. Mit Galgant, Bertram und Muskat würzen. Knoblauchzehe abziehen und durch eine Presse drücken. Pilze wenden und salzen. Kräuter waschen, trockenschütteln und fein wiegen. Unter die Pilze mischen, kurz mitdünsten, dann die Pilzmischung aus der Pfanne nehmen und warm stellen. Die Pfanne mit Küchenkrepp auswischen. Eier sauber trennen. Eigelb in ein Rührgefäß schlagen, mit einem Schneebesen gut verquirlen, Milch und Dinkelmehl unterrühren und das Ganze mit Salz würzen. Eiweiß mit dem Rührbesen eines elektrischen Handrührgeräts steif schlagen und mit dem Schneebesen gleichmäßig unter die Eigelbmasse ziehen. Butter in der Pfanne erhitzen. Aus dem Teig vier Omelettes herausbacken, zwischendurch immer wieder etwas Butter in der Pfanne schmelzen lassen. Auf jedes Omelette etwas Pilzmischung geben, zur Hälfte zusammenklappen und auf vorgewärmten Tellern anrichten.

Toast »Hawaii«

4 Scheiben Dinkeltoastbrot · Butter zum Bestreichen
4 kleine Scheiben geräucherte Putenbrust
(à 25 g oder 2 große Scheiben à 50 g)
4 kleine Scheiben Ananas aus der Dose (à 35 g)
4 kleine Scheiben Gouda (à 25 g)

Den Backofen oder Grill vorheizen. Toastbrotscheiben dünn mit Butter bestreichen. Putenbrustscheiben auf die Brote legen. Ananasscheiben abtropfen lassen und darauf legen. Das Ganze mit jeweils 1 Scheibe Gouda bedecken. Brote im Backofen bei 200° C oder im Grill überbacken, bis der Käse schmilzt.

Gefüllte Zucchiniblüten

8 Zucchiniblüten mit Stiel · 80 g Austernpilze
150 g Doppelrahmfrischkäse mit Kräutern (60 % F. i. Tr.)
1 EL Crème fraîche · weißer Pfeffer aus der Mühle oder
Galgantpulver · 2 EL Butter

Zucchiniblüten vorsichtig waschen, trockentupfen und die Blütenstiele am Ende knapp abschneiden. Pilze putzen, fein wiegen und in eine Schüssel geben. Frischkäse und Crème fraîche dazugeben und das Ganze gut miteinander verrühren. Die Masse mit Pfeffer oder Galgant abschmecken. Frischkäsemasse in die Zucchiniblüten füllen und die Blütenränder oben vorsichtig zusammendrehen, so daß die Blüte geschlossen ist. Dann mit Küchengarn zubinden. Butter in einer beschichteten Pfanne erhitzen. Zucchiniblüten hineingeben und von allen Seiten bei milder Hitze anbraten. Je 2 Zucchiniblüten auf einem Teller anrichten.

Tip: Man kann diese Vorspeise auf Salatblättern anrichten oder mit Radieschen (in Blüten geschnitten), Tomaten (geachtelt) oder gebratenen Pilzen servieren. Dazu paßt Dinkeltoastbrot.

Gefüllte Tomaten mit Dinkelreis

4 vollreife Tomaten · Salz · 150 g kleine, zarte Zucchini
½ kleine Zwiebel · 1 kleine Knoblauchzehe
80 g gekochte Dinkelkörner (aus ca. 30 g Rohgewicht)
2 EL Doppelrahmfrischkäse mit Kräutern (60 % F. i. Tr.)
Galgantpulver · Bertrampulver

Tomaten waschen, trockentupfen und den Stielansatz mit einem spitzen Messer herausschneiden. Oben einen flachen Deckel abschneiden und die Tomaten mit einem Teelöffel aushöhlen. Das Tomateninnere nicht verwenden. Tomaten innen mit Salz würzen. Zucchini waschen, putzen und sehr fein würfeln. Die Zwiebelhälfte und die Knoblauchzehe abziehen und sehr fein würfeln. Zusammen mit der Zucchini und dem Dinkel mischen und den Frischkäse darunterrühren. Das Ganze mit Galgant, Bertram und ganz wenig Salz würzen und in die Tomaten füllen. Jeweils den Deckel auflegen und die Tomaten auf einer Platte anrichten.

Tip: Das ausgehöhlte Tomatenfruchtfleisch können Sie für eine Sauce verwenden. Einfach mit Zwiebeln und anderem Gemüse andünsten und durch ein Sieb streichen.

Würzige Putenröllchen mit Spargel

*400 g dünne Spargelstangen · Salz · 1 TL Butter
4 dünne Scheiben geräucherte Putenbrust
1 EL Sahnemeerrettich aus dem Glas · 2 EL Crème double (dicke süße
Sahne mit mind. 40 % Fett) · weißer Pfeffer aus der Mühle
2 EL fein gewiegte Petersilie · 4 schöne Schnittlauchhalme*

Spargel waschen, schälen, dann die Stangen zusammen mit der Butter in kochendes Salzwasser geben und in etwa 15 Minuten bißfest garen. Vorsichtig herausnehmen und abtropfen lassen. Putenbrustscheiben nebeneinander auf eine Arbeitsplatte legen. Sahnemeerrettich mit der Crème double verrühren und die Masse auf die Putenbrustscheiben streichen. Mit Pfeffer und Petersilie bestreuen. Spargel zu vier kleinen Bündeln zusammenfassen und je ein Bündel auf eine Putenbrustscheibe legen. Einrollen, Schnittlauch waschen und trockentupfen. Um jedes Putenröllchen einen Schnittlauchhalm binden und vorsichtig zusammenknoten. Dazu paßt getoastetes Dinkelweißbrot.

Eier in Kräutersauce mit Toast

*4 frische Eier (Gewichtsklasse M) ·
1 Bund Dill · 2 Blättchen frischer Estragon
1 Zweig frischer Quendel · 2 EL fein gewiegter Kerbel
350 g saure Sahne · Galganpulver · Bertrampulver
Salz · 4 Scheiben Dinkeltoastbrot*

Eier in 6 bis 7 Minuten wachsweich kochen. Inzwischen Kräuter waschen und fein wiegen. Saure Sahne mit Gewürzen und etwas Salz verrühren und die Kräuter untermengen. Abschmecken. Eier unter kaltem Wasser abschrecken und etwas abkühlen lassen. Dann pellen, vierteln und jeweils vier Viertel auf einem Teller anrichten. Die Sauce darüber verteilen. Toast dazu servieren.

Fritiertes Gemüse in Bierteig

FÜR DAS GEMÜSE:
700 – 800 g Gemüse (Knollensellerie, Kohlrabi, Zucchini, Rote Bete, Pastinaken, Karotten, Blumenkohl, Brokkoli) · Salz

FÜR DEN BIERTEIG:
250 g feines Dinkelmehl
2 EL Sonnenblumenöl · ¼ l helles Bier · Salz

AUSSERDEM:
Fritierfett oder Pflanzenöl zum Ausbacken · 75 g Feldsalat
1 TL Zitronensaft

Das Gemüse waschen, sorgfältig schälen, dann in reichlich Salzwasser bißfest garen. Bei Sellerie und Roter Bete dauert das je nach Größe 40 bis 50 Minuten, die anderen Gemüsesorten sind schneller gar. Das Gemüse in Scheiben (bei Sellerie, Kohlrabi und Roter Bete) oder Stücke (bei Zucchini, Pastinaken und Karotten) schneiden, Blumenkohl und Brokkoli in große Röschen teilen. Für den Bierteig das Mehl zusammen mit den anderen Zutaten in einer Schüssel gut verrühren und den Teig einige Minuten quellen lassen. Inzwischen das Fett oder Öl in einer Friteuse oder einem hohen Topf erhitzen. Die Gemüseteile nacheinander durch den Teig ziehen und ins heiße Fett oder Öl geben, so daß sie darin schwimmen und sich nicht berühren. Deshalb nicht zu viele Gemüsestücke gleichzeitig ausbacken. Wenn die Kruste goldbraun ist, das Gemüse herausnehmen und auf Küchenkrepp legen. Den Feldsalat waschen, trockenschleudern, putzen und die Sträußchen auf vier Tellern anrichten. Mit Zitronensaft beträufeln. Das gebackene Gemüse daneben anrichten.

Zucchini mit Kräuterricotta

500 g mittelgroße Zucchini · Salz
200 g trockener Ricotta (ca. 40 % F. i. Tr.) · 1 Knoblauchzehe
1 Bund Schnittlauch · 2 EL fein gewiegter Kerbel
etwas fein gewiegter Quendel · Galgantpulver · Bertrampulver
Kerbelblättchen zum Garnieren

Zucchini waschen, trockentupfen, Enden knapp abschneiden und das Gemüse in acht gleichgroße Stücke schneiden. Diese so aushöhlen, daß ein schmaler Rand und ein dünner Boden stehen bleiben. Das ausgehöhlte Fruchtfleisch kleinschneiden und mit Salz bestreuen. Reichlich Salzwasser aufkochen und die Zucchinistücke darin 2 Minuten blanchieren. Herausnehmen und umgedreht abtropfen lassen. Das Fruchtfleisch unter den Ricotta mischen. Knoblauch abziehen und durch eine Presse dazudrücken. Schnittlauch waschen, trockentupfen, in feine Röllchen schneiden und zusammen mit dem Kerbel und dem Quendel hinzugeben. Die Zutaten zu einer glatten Creme verrühren und mit Gewürzen und Salz abschmecken. Zucchinistücke auf vier Teller verteilen und mit der Ricottacreme füllen. Mit Kerbelblättchen garnieren.

Spinatpäckchen mit Käse

500 g großblättriger Spinat in Blattrosetten (»Wurzelspinat«) · Salz
weißer Pfeffer aus der Mühle
2 dicke, quadratische Scheiben (à 160 g) Gouda
2 kleine Tomaten (100 g) · 20 g Butter

Spinatrosetten gründlich waschen. Reichlich Wasser mit Salz aufkochen, die Rosetten einzeln nacheinander mit den Blättern nach unten ins kochende Wasser halten (das geht am besten mit einer langen Grill- oder Fleischzange!) und 1 Minute blanchieren. Herausnehmen und in Eiswasser abschrecken, abtropfen lassen und die Blätter vom Wurzelansatz lösen. Für die Umhüllung pro Spinatpäckchen 2 bis 3 Blätter übereinanderlegen und leicht mit Pfeffer würzen. Die beiden Käsescheiben vierteln. Auf jede Spinathülle ein Käsequadrat legen, einwickeln und die Päckchen nebeneinander in eine hitzefeste, flache Form legen. Den Backofen auf 200° C vorheizen. Tomaten waschen, abtrocknen, halbieren, Stielansatz herausschneiden und die Kerne mit einem Teelöffel herausschaben. Fruchtfleisch würfeln und über die Spinatpäckchen streuen. Mit Pfeffer übermahlen und Butter in Flöckchen darauf verteilen. Die Spinatpäckchen im Backofen etwa 8 Minuten backen, heiß servieren. Dazu paßt am besten knuspriges Dinkelbrot oder -brötchen.

Tomaten mit Mozzarella und Basilikum

5 vollreife Fleischtomaten · Galgantpulver
Bertrampulver · weißer Pfeffer aus der Mühle · Salz
200 g Mozzarella als Kugel · 3 Zweige frisches Basilikum
2 TL Weißweinessig · 4 TL Sonnenblumenöl

Tomaten über Kreuz einritzen, mit kochendheißem Wasser überbrühen oder nacheinander mit Hilfe eines Siebes einige Sekunden darin eintauchen, herausnehmen und kalt abschrecken. Mit einem spitzen Messer die Haut abziehen, den Stielansatz kegelförmig herausschneiden, dann die Früchte in Scheiben schneiden und mit Galgant, Bertram, Pfeffer und Salz würzen. Die Mozzarellakugel abtropfen lassen und in dünne Scheiben schneiden. Tomaten- und Mozzarellascheiben abwechselnd dachziegelartig auf einer Platte anordnen. Basilikum waschen, trockentupfen, die Blättchen fein wiegen und darüberstreuen. Das Ganze mit Essig und Öl beträufeln.

Tip: Wer mag, kann noch mit Knoblauch (gibt es auch als Granulat) würzen.

Fenchel mit Spinatfüllung

*400 g frischer Blattspinat · 1 Zwiebel · 1 – 2 EL Butter
Galgantpulver · Bertrampulver
geriebene Muskatnuß · weißer Pfeffer · Salz
200 g Weichkäse mit Blauschimmel (60 bis 70 % F. i. Tr.)
2 EL Crème fraîche · 4 mittelgroße Fenchelknollen
100 ml Geflügelfond (aus dem Glas oder aus Instantpulver)
2 EL gehackte Walnußkerne*

Spinat in reichlich Wasser waschen, herausnehmen und die groben Stiele entfernen. Zwiebel abziehen und fein hacken. In einem weiten Topf gut die Hälfte der Butter erhitzen, die Zwiebelwürfel darin andünsten, die Spinatblätter hinzugeben und im geschlossenen Topf zusammenfallen lassen. Würzen und etwa 3 Minuten zugedeckt bei mittlerer Hitze dünsten. Weichkäse entrinden und sehr fein würfeln. Zusammen mit der Crème fraîche unter den Spinat mischen und das Ganze zugedeckt beiseite stellen, damit der Käse langsam schmilzt. Den Backofen auf 200° C vorheizen. Fenchelknollen waschen, putzen, Stiele mit dem Grün 3 cm oberhalb der Knollen abschneiden, kleinschneiden und beiseite stellen. Fenchelknollen halbieren. Reichlich Wasser aufkochen und die Fenchelhälften darin etwa 2 Minuten blanchieren. Herausnehmen und abtropfen lassen. Eine hitzefeste Form mit der restlichen Butter ausstreichen, die Fenchelhälften nebeneinander mit den Schnittflächen nach oben hineinsetzen und dazwischen die kleingeschnittenen Fenchelstiele und das Grün streuen. Die Spinatmasse darüber verteilen und den Fond angießen. Das Ganze im Backofen 10 Minuten backen, dann mit Walnußkernstückchen bestreuen.

Salate

Salat ist in der Hildegard-Küche ein wichtiger Begleiter von Mittag- und Abendessen. Das Rohkostverbot ist also nicht zu streng zu sehen, es heißt nämlich nicht, daß es bei Hildegard keinen Salat gibt! Blattsalate (außer Sorten der Zichorienfamilie) sind durchaus erlaubt, insbesondere Vertreter der Kopfsalatfamilie, der Feldsalat und viele andere mehr. Wie vielfältig Hildegards Salatküche sein kann, zeigt unsere Rezeptauswahl auf den nächsten Seiten.

Dinkel-Kopfsalat nach Art der heiligen Hildegard

1 Kopf grüner Salat · 3 EL gekochte Dinkelkörner (Dinkelreis)
Für das Dressing:
½ Zwiebel · 1 Knoblauchzehe
3 EL Sonnenblumenöl · 1 EL Weißweinessig · 3 EL Wasser
½ TL Zucker · Salz · Galgantpulver · Bertrampulver
2 EL frische, gewiegte Salatkräuter
(Schnittlauch, Petersilie, Kerbel, etc.)

Kopfsalat in einzelne Blätter pflücken und waschen. Trockenschleudern oder abtropfen lassen, putzen und in mundgerechte Stücke teilen. Salat mit Dinkelkörnern mischen. Für das Dressing die Zwiebelhälfte und den Knoblauch abziehen und fein würfeln. Öl in einem Töpfchen erhitzen und die Zwiebel- und Knoblauchwürfel darin andünsten. Mit Essig und Wasser ablöschen und vom Herd nehmen. Zucker, Salz und die Gewürze untermischen und die Sauce unter den Salat mischen. Kräuter über den Salat streuen.

Hinweis: Dieser Salat ist als »Pflicht« in der Hildegard-Küche anzusehen. Gegarte Dinkelkörner werden dabei wie Reis verwendet. Man gart 250 g Dinkel mit etwa ½ l Wasser und etwas Salz wie Reis. Auch kann man die Körner erst in etwas Butter (mit Zwiebel- und Knoblauchwürfeln) andünsten, dann Wasser und etwas Salz hinzugeben und das Ganze zugedeckt etwa 20 bis 30 Minuten ausquellen lassen. Schneller geht es, wenn Sie Dinkelkernotto (geschälte, ganze Dinkelkörner) oder Dinkelgrütze (grob geschrotete Dinkelkörner) verwenden.

Eichblattsalat mit Kirschtomaten

1 Kopf Eichblattsalat · 300 g Kirschtomaten · 1 Zwiebel
2 EL Weißweinessig · Galgantpulver · Bertrampulver
½ TL Honig · Salz · 3 EL Sonnenblumen- oder Kürbiskernöl
1 EL Mandelsplitter oder Pinienkerne

Eichblattsalat in einzelne Blätter zerpflücken, waschen, trockenschütteln, putzen und zerteilen. Kirschtomaten waschen, abtrocknen und halbieren. Salatblätter und Kirschtomaten in einer Schüssel locker mischen. Zwiebel abziehen und fein wiegen. Mit Essig, 1 EL Wasser, Gewürzen und Honig verrühren, die Marinade salzen und das Öl darunter schlagen. Unter den Salat mischen und mit Mandeln oder Pinienkernen bestreuen.

Feldsalat mit Orangenfilets

350 g Feldsalat · 2 Orangen · ½ kleine rote Zwiebel
1 kleine Knoblauchzehe · 2 EL Weißweinessig
1 EL Orangensaft (evtl. frisch gepreßt) · weißer Pfeffer aus der Mühle
Bertrampulver · Salz · 3 EL Sonnenblumen- oder Walnußöl

Feldsalat waschen, trockenschleudern und die Sträußchen putzen. Wurzelenden nur knapp abschneiden, so daß die Sträußchen noch zusammenhängen. Orangen dick abschälen, so daß die weiße Haut entfernt wird, dann in Filets teilen und diese quer durchschneiden. Die Fruchtstücke unter den Feldsalat mischen. Zwiebelhälfte und Knoblauchzehe abziehen. Zwiebel fein wiegen und Knoblauch durch eine Presse dazudrücken. Essig und Orangensaft dazugeben, verrühren und würzen. Öl darunterschlagen und die Marinade unter den Salat mischen.

Variation: Man kann einige Blätter Brunnenkresse unterheben und statt Orangen Mandarinen oder rosa Grapefruit verwenden.

Feldsalat mit Käsestreifen

350 g Feldsalat · ½ kleine Zwiebel
1 Knoblauchzehe · 100 g Butterkäse (45 % F. i. Tr., in Scheiben)
2 – 3 EL Weißweinessig · 1 TL trockener Sherry
1 Prise Zucker · weißer Pfeffer aus der Mühle
1 Prise Galgantpulver · 1 Prise grob gemahlener Kümmel
Salz · 2 EL Schnittlauchröllchen
2 – 3 EL Walnußöl

Feldsalat waschen, trockenschleudern, die Sträußchen putzen und die Wurzelenden knapp abschneiden, so daß die Sträußchen noch zusammenhängen. Zwiebelhälfte und Knoblauchzehe abziehen und fein würfeln, den Butterkäse in kurze, schmale Streifen schneiden. Zwiebel, Knoblauch, Essig und Sherry miteinander verrühren, die Marinade mit Zucker, Pfeffer, Galgant, Kümmel und Salz würzen und das Öl darunterschlagen. Die Marinade mit dem Schnittlauch unter den Feldsalat mengen, dann den Käse unterheben.

Variation: Statt Butterkäse, der sehr mild schmeckt, kann man auch einen herzhafteren Käse wie zum Beispiel Tilsiter oder Havarti verwenden.

Feldsalat mit Feta

300 g Feldsalat · 75 g schwarze Oliven
125 g Feta (Schafkäse oder Kuhmilchfeta, 40 bis 45 % F. i. Tr.)
½ kleine Zwiebel · 1 kleine Knoblauchzehe
2 EL Zitronensaft · 1 Spritzer Weißweinessig
1 EL fein gewiegter Quendel · 1 Prise Kreuzkümmel
weißer Pfeffer aus der Mühle oder Galgantpulver · Salz
3 EL Sonnenblumen- oder Sojaöl

Salat waschen, trockenschleudern, putzen und die Wurzelenden knapp abschneiden, so daß die Sträußchen noch zusammenhängen. Oliven abtropfen lassen. Feta in kleine Würfel schneiden. Zwiebelhälfte und Knoblauchzehe abziehen und fein würfeln. Den Feldsalat zusammen mit den Oliven und dem Feta in einer Schüssel vermengen. Die Zwiebel- und Knoblauchwürfel mit Zitronensaft, etwas Essig und Quendel verrühren, die Marinade mit Kreuzkümmel, Pfeffer oder Galgant würzen und mit Salz abschmecken. Das Öl darunterschlagen und das Dressing unter den Salat mischen.

Tip: Statt Feta können Sie auch Mozzarella (halbierte Scheibchen oder schmale Streifen) unter den Salat mischen.

Feldsalat mit Champignons

350 g Feldsalat · 200 g frische Champignons · 2 – 3 EL Obstessig
½ TL Honig · Galgantpulver · Bertrampulver · Salz · 3 EL Walnußöl
½ Zwiebel · ½ Bund Petersilie · 2 Zweige Quendel oder Thymian
2 Scheiben Dinkeltoastbrot · 1 EL Butter

Den Feldsalat waschen, trockenschleudern, putzen, Wurzelenden knapp abschneiden, so daß die Sträußchen noch zusammenhängen. Die Champignons kalt abbrausen, abtupfen, falls nötig putzen, dann blättrig schneiden und unter den Feldsalat mischen. Den Salat auf vier Teller verteilen. Für das Dressing Essig, 1 EL Wasser und Honig miteinander verrühren, mit Gewürzen und Salz abschmecken und Öl darunterschlagen. Das Dressing über die Salatportionen verteilen. Die Zwiebelhälfte abziehen und fein würfeln. Kräuter waschen, trockentupfen und fein wiegen. Toastbrot in kleine Würfel schneiden. In einer beschichteten Pfanne die Butter erhitzen. Zwiebelwürfel und Kräuter darin anbraten, dann Brotwürfel dazugeben und von allen Seiten anrösten. Die warme Brot-Kräuter-Mischung über die Salatportionen streuen und sofort servieren.

Salat mit Pilzen und Käse

2 Köpfe grüner Salat · ½ Bund Schnittlauch · ½ Bund Petersilie
evtl. etwas frische Pimpinelle oder Gundelrebe · 1 kleine Knoblauchzehe
200 g schwäbischer Raclette (halbfester Schnittkäse mit 50 % F. i. Tr.)
300 g frische Pfifferlinge · 30 g Butter
3 EL Holunderbeer- oder Apfelessig · 1 TL süßer Senf
1 Prise grob gemahlener Kümmel · Salz · 4 EL Sonnenblumenöl

Kopfsalat in einzelne Blätter pflücken, waschen, trockenschleudern, falls nötig putzen, in mundgerechte Stücke teilen und auf vier Tellern anrichten. Kräuter waschen, trockentupfen, dann fein wiegen. Knoblauch abziehen und durch eine Presse in ein kleines

Rührgefäß drücken. Käse in kleine Würfel schneiden. Pfifferlinge waschen, putzen und in mundgerechte Stücke schneiden. Butter in einer beschichteten Pfanne erhitzen und die Pfifferlinge darin von allen Seiten ganz kurz anbraten. Dann auf dem Kopfsalat verteilen und den Käse sowie die Kräuter darüberstreuen. Essig und Senf in das Rührgefäß zum Knoblauch geben, mit 3 EL Wasser verrühren, mit Kümmel und Salz würzen und das Öl darunterschlagen. Das Dressing über die Salatportionen träufeln.

Bataviasalat mit Kresse und gebratenen Zwiebeln

*1 Kopf Bataviasalat · 1 Kästchen Kresse · 2 Zwiebeln
25 g Butter · 1 Prise grob gemahlener Kümmel
Galgantpulver · Bertrampulver · Salz · 3 EL Weißweinessig
½ TL Honig · 2 EL Sonnenblumenöl*

Salat in einzelne Blätter pflücken, diese waschen, trockenschleudern, putzen und in mundgerechte Stücke teilen. Kresse abschneiden und mit den Salatblättern in einer Schüssel mischen. Zwiebeln abziehen und in feine Ringe schneiden. Butter in einer beschichteten Pfanne erhitzen und die Zwiebelringe dazugeben. Bei milder Hitze unter ständigem Wenden etwa 10 Minuten glasig (nicht braun!) dünsten, zwischendurch salzen und würzen. Essig mit Honig verrühren, mit Galgant, Bertram und Salz abschmecken und Öl darunterschlagen. Das Dressing unter den Salat mischen. Zwiebeln aus der Pfanne nehmen, in ein mit Küchenkrepp ausgelegtes Sieb geben und etwas abtropfen lassen, dann unter den Salat mischen.

Variation: Statt Batavia können Sie auch Römersalat verwenden. Salate der Endivienfamilie (Zichorien) werden in der Hildegard-Küche nicht verwendet.

Raukesalat mit Kirschtomaten und Schafkäse

*250 g Rauke (Rucola) · 150 g Kirschtomaten · ½ kleine Zwiebel
2 EL Weißweinessig · 1 Spritzer Zitronensaft
weißer Pfeffer aus der Mühle · Salz · 3 EL Sonnenblumenöl
100 g Feta (Schafkäse) oder Kuhmilchfeta
2 EL fein gewiegter Kerbel*

Raukeblätter waschen, trockenschleudern, putzen, in mundgerechte Stücke pflücken und auf vier Teller verteilen. Kirschtomaten waschen, trockentupfen, halbieren und auf der Rauke anrichten. Für das Dressing die Zwiebelhälfte abziehen und fein würfeln. Zusammen mit Essig und Zitronensaft verrühren, 1 EL Wasser hinzugeben und mit Pfeffer und Salz würzen. Öl darunterschlagen und das Dressing über die Salatportionen träufeln. Den Käse fein würfeln und zusammen mit dem Kerbel über den Salat verteilen.

Gurkensalat mit Dill

*1 Salatgurke (ca. 600 g) · 1 kleine Zwiebel · 1 kleine Knoblauchzehe
1 Bund Dill · 2 EL Zitronensaft · 100 g saure Sahne (10 % Fett)
½ TL Honig · weißer Pfeffer oder Galgantpulver · Salz*

Gurke waschen, trockenreiben, die Enden abschneiden und die Gurke evtl. schälen. In sehr dünne Scheiben hobeln. Zwiebel und Knoblauchzehe abziehen. Die Zwiebel fein würfeln und in ein Rührgefäß geben. Die Knoblauchzehe durch eine Presse dazudrücken. Dill waschen, trockentupfen, die groben Stengel entfernen und die zarten Zweige fein wiegen. Dill mit dem Zitronensaft zu den Zwiebeln und dem Knoblauch geben, die saure Sahne unterrühren und das Dressing mit Honig, Pfeffer oder Galgant und mit Salz kräftig würzen. Das Dressing unter die Gurkenscheiben mischen, das Ganze mehrfach wenden, einige Minuten durchziehen lassen, dann nochmals abschmecken.

Tip: Die Salatgurke ist das wasserreichste Salatgemüse. Man benötigt deshalb nur wenig Dressing, das aber gut gewürzt sein muß. Die austretende Gurkenflüssigkeit verdünnt das Dressing und mildert seinen Geschmack. Statt mit saurer Sahne kann man den Gurkensalat auch mit 2 bis 3 EL Sonnenblumenöl anmachen.

Gekochter Karottensalat

800 g Karotten · 1 kleine Zwiebel · 1 Bund Petersilie oder Kerbel
2 EL Weißweinessig · 2 EL heiße Gemüsebrühe (aus Instantpulver)
Galgantpulver · Bertrampulver · geriebene Muskatnuß
1 TL Honig · Salz · 3 EL Sonnenblumenöl

Karotten waschen, putzen und knapp mit Wasser bedeckt bei mittlerer Hitze im geschlossenen Topf etwa 20 Minuten garen. Abgießen, kalt abschrecken, dann die Schale abziehen und die Karotten in dünne Scheiben schneiden oder würfeln. Zwiebel abziehen und fein würfeln. Petersilie oder Kerbel waschen, trockenschütteln, grobe Stengel entfernen und die zarten Zweige mit den Blättchen fein wiegen. Karotten, Zwiebel und Kräuter in einer Schüssel locker mischen. Essig mit der heißen Brühe, den Gewürzen, Honig und etwas Salz verrühren, Öl darunterschlagen und die Marinade unter das Gemüse mischen. Den Salat zugedeckt an einem kühlen Ort etwa 20 Minuten durchziehen lassen, dann wenden und nochmals mit Gewürzen und Salz abschmecken.

Tip: Gekochter Karottensalat paßt zu vielen Gerichten, so zum Beispiel zu kurzgebratenem Fleisch, zu Schmorbraten, zu Rouladen und zu Dinkelaufläufen und Dinkelgratins. Er läßt sich gut am Vorabend zubereiten. Man hebt ihn dann zugedeckt im Kühlschrank auf.

Gekochter Selleriesalat

500 g Knollensellerie (geputzt und geschält gewogen) · Salz
½ Bund glatte Petersilie · 2 – 3 EL Weißwein- oder Obstessig
weißer Pfeffer · geriebene Muskatnuß · 1 TL Honig
2 EL heiße Fleischbrühe · 3 EL Sonnenblumenöl

Sellerie waschen und putzen, schälen, dann im Ganzen in kochendes Salzwasser geben und weich garen. Kleinere Knollen benötigen dazu etwa 25, große 40 bis 50 Minuten. Inzwischen die Petersilie waschen, trockenschütteln, die groben Stengel entfernen und die zarten Zweige fein wiegen. Essig mit Gewürzen, Honig und etwas Salz verrühren, Brühe unterrühren und das Öl zuletzt darunterschlagen.

Tip: Für viele gekochte Salate benötigt man kleine Mengen heißer Fleisch- oder Gemüsebrühe. Ideal hierfür ist Instantpulver, das auch in der Hildegard-Küche verwendet wird. Brühe gibt dem Salat Geschmack und die nötige Saftigkeit, denn gekochtes Salatgemüse ist saftarm. Gekochtes Salatgemüse sollte stets in der Marinade einige Minuten durchziehen. Dann fügt man evtl. noch etwas Dressing hinzu und schmeckt den Salat ab. Selbstgemachte Brühe können Sie im Eiswürfelbehälter einfrieren. Die Würfel kann man je nach Bedarf einzeln entnehmen, im Mikrowellenherd kurz erhitzen und dann für den Salat verwenden.

Spargelsalat mit Ei

750 g Spargel (geputzt und geschält gewogen) · 1 TL Butter
½ TL Zucker · Salz · ½ Bund glatte Petersilie oder Schnittlauch
2 EL Zitronensaft · 2 EL Spargelsud · weißer Pfeffer aus der Mühle
1 Prise geriebene Muskatnuß · 2 – 3 EL Sonnenblumenöl
1 hartgekochtes Ei (Gewichtsklasse M)

Spargel waschen, die Enden abschneiden und die Stangen schälen. Spargel in einen Gemüseeinsatz geben, die Schalen zusammen mit reichlich Wasser, Butter, Zucker und Salz in einen Topf geben und aufkochen. Den Gemüseeinsatz mit dem Spargel hineinhängen und das Gemüse bei halbgeöffnetem Deckel etwa 15 bis 20 Minuten garen. Spargel herausnehmen und abtropfen lassen. Spargelsud beiseite stellen. Spargel in 2 bis 3 cm lange Stücke schneiden. Petersilie oder Schnittlauch waschen, trockentupfen und fein wiegen. Die Kräuter mit den Spargelstücken in einer Schüssel mischen. Zitronensaft mit Spargelsud, Gewürzen und etwas Salz verrühren, Öl darunterschlagen und die Marinade unter die Spargelstücke mischen. Das gekochte Ei pellen, in kleine Würfel schneiden und über den Salat streuen. 10 Minuten durchziehen lassen.

Blumenkohlsalat

700 g Blumenkohl (geputzt gewogen) · Salz · ½ Bund Schnittlauch
2 EL Weißweinessig · 1 - 2 EL heiße Brühe · Galgantpulver
Bertrampulver · 1 Prise geriebene Muskatnuß · 1 Msp. Zucker
3 EL Sonnenblumenöl

Blumenkohl waschen, putzen und den Kopf in mundgerechte Röschen teilen. In reichlich Salzwasser in etwa 8 Minuten bißfest garen. Herausnehmen und auf ein Sieb geben. Schnittlauch waschen, trockentupfen und in feine Röllchen schneiden. Mit Essig und Brühe in eine Schüssel geben, verrühren, die Gewürze sowie etwas Zucker und Salz zugeben und das Öl darunterschlagen. Die warmen Blumenkohlröschen dazugeben und vorsichtig in der Marinade wenden. Zugedeckt 15 Minuten durchziehen lassen, zwischendurch noch einmal wenden.

Variation: Statt Blumenkohl kann man auch Brokkoli nehmen.

Bohnenkernsalat

*300 g kleine, weiße Bohnenkerne (Trockengewicht) · ½ Zwiebel
2 Zweige Bohnenkraut · 150 ml heiße Gemüsebrühe (aus Instantpulver)
4 EL Weißweinessig · 1 Prise Zucker · weißer Pfeffer aus der Mühle
Salz · 4 EL Sonnenblumenöl*

Bohnen waschen und über Nacht mit Wasser bedeckt einweichen. Am nächsten Tag zwei Tassen Wasser hinzugeben und die Bohnen in dieser Flüssigkeit 1 – 1 ½ Stunden zugedeckt garen. Bohnenkerne auf ein Sieb schütten und kalt abschrecken. Dann in eine Schüssel geben. Zwiebelhälfte abziehen und fein würfeln Bohnenkraut waschen, trockentupfen und die Blättchen fein wiegen. Brühe erhitzen, Zwiebel und Bohnenkraut dazugeben, Essig und Zucker unterrühren und die Marinade mit Pfeffer und Salz abschmecken. Heiß unter die Bohnenkerne mischen und etwa 15 Minuten durchziehen lassen. Zwischendurch wenden. Dann das Öl untermengen.

Roter Bohnen-Mais-Salat auf argentinische Art

*1 Dose Kidneybohnen (425 ml-Dose, Abtropfgewicht 255 g)
1 Dose Maiskörner (425 ml-Dose, Abtropfgewicht 285 g) · 1 Zwiebel
1 Knoblauchzehe · ½ Bund glatte Petersilie · 2 EL Zitronensaft
Galgantpulver · Kurkumapulver · Bertrampulver · Salz
100 g Crème fraîche*

Bohnen und Maiskörner abtropfen lassen und in einer Schüssel mischen. Zwiebel und Knoblauchzehe abziehen und fein würfeln. Petersilie waschen, trockenschütteln, die groben Stengel entfernen und die zarten Zweige fein wiegen. Mit den Zwiebel- und Knoblauchwürfeln unter das Gemüse mischen. Zitronensaft untermengen und mit Gewürzen und Salz leicht scharf abschmecken. Crème fraîche untermischen und den Salat anrichten.

Variation: Statt mit Crème fraîche kann man den Salat auch mit Sonnenblumenöl anmachen. Man benötigt 2 bis 3 EL.

Warmer Dinkelreissalat mit Speck

125 g Dinkelkörner · 1 EL Butter · Salz
150 g Karotten · ½ Bund glatte Petersilie
75 g mager durchwachsener Räucherspeck in Scheiben
50 ml heiße Fleisch- oder Gemüsebrühe · 1 EL Weißweinessig
Galgantpulver · Bertrampulver · 2 EL Sonnenblumenöl

Dinkelkörner auf ein Sieb geben, abbrausen und abtropfen lassen. Butter in einem Topf erhitzen und den Dinkel darin unter Rühren 2 Minuten andünsten. Knapp 300 ml Wasser und etwas Salz hinzugeben und etwa 20 Minuten zugedeckt bei milder Hitze garen. Inzwischen die Karotten waschen, putzen, schälen und fein würfeln. Petersilie waschen, trockentupfen, die groben Stengel entfernen und die zarten Zweige mit den Blättchen fein wiegen. Räucherspeck fein würfeln. Nach 10 Minuten Kochzeit Karotten und Petersilie unter den Dinkel mischen und die restlichen 10 Minuten mitgaren. Speck in einer beschichteten Pfanne knusprig ausbraten, dann auf ein mit Küchenkrepp ausgelegtes Sieb geben und entfetten. Die Dinkel-Gemüse-Mischung vom Herd nehmen, durchrühren und evtl. auf einem Sieb abtropfen lassen, falls die Flüssigkeit nicht völlig aufgesogen ist. In eine Schüssel füllen und die Speckwürfel untermischen. Die Brühe mit Essig verrühren, mit Galgant und Bertram abschmecken, Öl darunterschlagen und die Marinade unter den Dinkelreissalat mischen.

Tip: Unter »Dinkelreis« versteht man ungeschälte Dinkelkörner, die wie Reis zubereitet werden. Verwenden Sie geschälte Dinkelkörner (»Dinkelkernotto«), verkürzt sich die Kochzeit etwas.

Dinkelreissalat, fernöstlich

10 g getrocknete Shiitake-Pilze · 125 g Dinkelkörner
2 EL Butter · 1 kleine Zwiebel · 1 kleine Knoblauchzehe
250 – 300 ml Hühnerbrühe (selbstgemacht oder aus Instantpulver)
1 – 2 Safranfäden · mildes Currypulver · Bertrampulver
Salz · ½ TL Honig · 100 g Karotten · 100 g Zuckerschoten
2 – 3 TL Weißweinessig · 3 EL Sojaöl

Trockenpilze in warmem Wasser einweichen und quellen lassen. Dinkelkörner auf ein Sieb geben, abbrausen und abtropfen lassen. Die Hälfte der Butter in einem Topf erhitzen. Zwiebel und Knoblauchzehe abziehen, fein würfeln und in der Butter glasig werden lassen. Dinkel dazugeben und unter Rühren hell andünsten. Hühnerbrühe und Safran dazugeben und den Dinkel in etwa 20 Minuten bißfest garen. Zwischendurch mehrmals durchrühren. Dann mit Curry, Bertram, Salz und Honig würzen und abkühlen lassen. Gemüse waschen und putzen. Karotten fein würfeln, Zuckerschoten ganz lassen. Die eingeweichten Pilze abgießen, das Einweichwasser auffangen und beiseite stellen. Die Pilze in mundgerechte Stücke schneiden und etwas abtupfen. Die restliche Butter in einer beschichteten Pfanne erhitzen, Pilze darin von allen Seiten gut anbraten, dann herausnehmen und die Karotten sowie die Zuckerschoten in die Pfanne geben. Unter Wenden andünsten, die Einweichflüssigkeit dazugeben und das Gemüse 5 bis 7 Minuten darin köcheln lassen. Mit einer Schaumkelle herausnehmen und zusammen mit den gebratenen Pilzen vorsichtig unter den Dinkel mischen. 2 EL Kochflüssigkeit mit dem Essig verrühren, das Öl darunterschlagen und die Marinade unter die Dinkelmischung heben. Den Salat etwa 20 Minuten durchziehen lassen.

Tip: Zum Würzen eignet sich auch eine fertige China-Gewürz-Mischung.

Kichererbsensalat

*150 g Kichererbsen · 500 ml Fleisch- oder Gemüsebrühe
1 kleine Zwiebel · 1 Bund glatte Petersilie
1 Zweig Quendel · 2 EL Weißweinessig
Galgantpulver · Bertrampulver · Salz
2 – 3 EL Sonnenblumenöl*

Kichererbsen über Nacht einweichen, abgießen, abbrausen und zusammen mit der Brühe in einen Topf geben. Zugedeckt etwa 50 Minuten bei mittlerer Hitze garen. Inzwischen die Zwiebel abziehen und fein würfeln. Petersilie waschen, trockentupfen, die groben Stengel entfernen und die zarten Zweige mit den Blättchen fein wiegen. Quendel waschen, trockentupfen und die Blättchen abzupfen. Zwiebel, Kräuter und Essig in einer Schüssel mischen, mit Gewürzen und Salz verrühren und das Öl darunterschlagen. Kichererbsen auf ein Sieb schütten, kurz abtropfen lassen, dann zur Marinade geben und darin wenden. Etwas durchziehen lassen und lauwarm servieren.

Nudelsalat mit Schinken

FÜR DEN SALAT:
200 g Dinkelnudeln · Salz · 1 EL Sonnenblumenöl
100 g Maiskörner aus der Dose · 150 g gekochter Schinken
2 Gewürzgurken · 1 Zwiebel · ½ Bund glatte Petersilie

FÜR DAS DRESSING:
2 EL Weißweinessig · weißer Pfeffer · Galgantpulver · Bertrampulver
1 Prise Zucker · 80 g Salatmayonnaise (50 % Pflanzenöl) · Salz

Nudeln in etwa 2 l kochendes Salzwasser geben, Öl dazugeben und die Nudeln bißfest garen. Die Maiskörner abtropfen lassen, Schinken in feine Streifen, Gurken in Stifte schneiden, Zwiebel abziehen und fein würfeln. Diese Zutaten in eine Schüssel geben und vermengen. Petersilie waschen, trockentupfen, fein wiegen und unter die Schinkenmischung mengen. Nudeln auf ein Sieb schütten, abschrecken und abtropfen lassen. Essig mit Gewürzen und Zucker verrühren, Mayonnaise untermischen und mit Salz abschmecken. Das Dressing unter die Schinkenmischung heben, Nudeln daruntermischen und 10 Minuten durchziehen lassen.

Tip: Sie können den Salat auch mit geräucherter Putenbrust oder Rindersaftschinken zubereiten.

Altdeutscher Kartoffelsalat

1 kg fest kochende Kartoffeln (möglichst kleine) · 1 saftiger Apfel
2 Gewürzgurken · 1 Zwiebel · ½ Bund Schnittlauch oder Kerbel
150 ml heiße Fleisch- oder Gemüsebrühe · 3 EL Weißwein- oder
Kartoffelessig · weißer Pfeffer · Galgantpulver · Bertrampulver
geriebene Muskatnuß · 1 Msp. Zucker · Salz · 3 EL Sonnenblumenöl

Kartoffeln waschen, abbürsten und knapp mit Wasser bedeckt im geschlossenen Topf mit mittlerer Hitze etwa 25 Minuten garen. Inzwischen den Apfel waschen, vierteln, Kerngehäuse entfernen und fein würfeln. Gurken ebenfalls fein würfeln und beides in einer Schüssel vermengen. Die Zwiebel abziehen, fein würfeln und dazugeben. Kräuter waschen, trockentupfen, fein wiegen und untermischen. Kartoffeln abgießen, abschrecken und kurz etwas abkühlen lassen. Dann pellen, in dünne Scheiben schneiden und mit in die Schüssel geben. Alles locker mischen und die heiße Brühe darübergießen. Das Ganze abkühlen und durchziehen lassen. Essig mit Gewürzen, Zucker und etwas Salz verrühren, Öl darunterschlagen und unter die Kartoffeln heben. Den Kartoffelsalat 30 Minuten durchziehen lassen, dann evtl. nachwürzen.

Nudelsalat, vegetarisch

FÜR DIE NUDELN:
200 g Dinkelnudeln · Salz · 1 EL Sonnenblumenöl

FÜR DAS GEMÜSE:
200 g Leipziger-Allerlei-Gemüsemischung (TK-Ware: Erbsen, Karotten, Spargel) · Salz zum Kochen · ½ Bund glatte Petersilie Galgantpulver · Bertrampulver · 1 Prise geriebene Muskatnuß

FÜR DAS DRESSING:
2 EL Weißweinessig · 1 – 2 Tropfen Speisewürze · 1 Msp. Zucker weißer Pfeffer · Salz · 2 – 3 EL Sonnenblumenöl

Nudeln in etwa 2 l kochendes Salzwasser geben, Öl hinzufügen und die Nudeln zugedeckt bei mittlerer Hitze bißfest garen. Inzwischen in einem zweiten Topf etwa 1 l Wasser aufkochen, Leipziger Allerlei mit etwas Salz zufügen und im offenen Topf bißfest garen. Dann auf ein Sieb schütten, abschrecken, abtropfen lassen und in eine Schüssel geben. Petersilie waschen, trockentupfen und fein wiegen. Unter das Gemüse mischen. Essig mit Gewürzen verrühren und das Öl darunterrühren. Unter das Gemüse mischen. Nudeln abgießen, abschrecken und auf ein Sieb schütten. Gut abtropfen lassen, dann unter das Gemüse mischen und den Salat durchziehen lassen. Zwischendurch wenden. Bei Bedarf nachwürzen.

Grüner Kartoffelsalat

*1 kg fest kochende Kartoffeln · 300 g dicke Bohnen (TK-Ware oder frisch)
Salz · 150 g Raukesalat (Rucola) · 1 Avocado
2 EL Essigessenz (25 % Säure) · 150 ml heiße Gemüsebrühe
weißer Pfeffer · Galgantpulver · Bertrampulver
1 Msp. Paprikapulver edelsüß · ½ TL Zucker · 5 – 6 EL Sonnenblumenöl*

Kartoffeln waschen und bei mittlerer Hitze garen. Inzwischen die Bohnen in kochendes Salzwasser geben und 10 Minuten kochen. Auf ein Sieb schütten, kalt abschrecken und die Kerne aus der Haut herausdrücken. Raukesalat in einzelne Blätter teilen, waschen, trockenschleudern, putzen und in mundgerechte Stücke pflücken. Avocado der Länge nach halbieren, den großen Kern herauslösen und die Haut abziehen. Fruchtfleisch in dünne Spalten schneiden. Einige Tropfen Essigessenz mit 3 TL Wasser mischen und auf die Avocadospalten träufeln. Die restliche Essigessenz in eine Schüssel geben, mit Brühe verrühren, Gewürze und Zucker daruntermischen, mit Salz abschmecken, dann Öl darunterschlagen. Kartoffeln abgießen, abschrecken und pellen. Etwas abkühlen lassen, in dünne Scheiben schneiden, in die Marinade geben, alles wenden. Bohnenkerne, Rauke und Avocadospalten vorsichtig untermengen. 20 Minuten zugedeckt durchziehen lassen. Evtl. mit Pfeffer und Salz nachwürzen.

Kartoffelsalat auf leichte Art

*800 g fest kochende Kartoffeln · 200 g Salatgurke · 1 Zwiebel
1 Knoblauchzehe · ½ Bund Dill · 2 EL Zitronensaft · 1 TL mittelscharfer
Senf · 175 g Sahnedickmilch oder saure Sahne (10 % Fett)
weißer Pfeffer · Galgantpulver · Bertrampulver
1 Prise grob gemahlener Kümmel · ½ TL Zucker · Salz*

Kartoffeln waschen, abbürsten und knapp mit Wasser bedeckt im geschlossenen Topf bei mittlerer Hitze etwa 25 Minuten garen.

Inzwischen Gurke waschen, trockentupfen, in dünne Stifte schneiden und in eine Schüssel geben. Zwiebel und Knoblauchzehe abziehen, die Zwiebel fein würfeln und zu der Gurke geben, den Knoblauch durch eine Presse dazudrücken. Dill waschen, trokkentupfen, grobe Stengel entfernen und die zarten Zweige fein wiegen. Mit Zitronensaft, Senf, Sahnedickmilch bzw. saurer Sahne zu den Zutaten geben und gut vermengen. Gewürze, Zucker und etwas Salz dazugeben. Kartoffeln abgießen, abschrecken und pellen. Völlig erkalten lassen, in Scheiben schneiden und unter das Dressing mischen. Den Salat 15 Minuten durchziehen lassen.

Bohnensalat mit Rindfleisch

500 g grüne Bohnen · 250 g gekochtes Rindfleisch (aus der Keule)
4 Frühlingszwiebeln · 2 Knoblauchzehen
1 kleine getrocknete Chilischote · 2 EL Sojasauce · 2 EL Balsamico-Essig
1 Spritzer Tabasco · 100 g gekochtes Dinkelkernotto
Galgantpulver · Bertrampulver · schwarzer Pfeffer aus der Mühle
Salz · 2 EL Sojaöl · 1 EL gerösteter Sesam

Bohnen waschen, putzen, die Enden abschneiden und eventuelle Fäden abziehen, in 5 cm lange Stücke schneiden, mit wenig Wasser aufkochen und zugedeckt bei schwacher Hitze 25 Minuten garen. Inzwischen das gekochte Fleisch in feine Streifen von 5 cm Länge schneiden und in eine Schüssel geben. Frühlingszwiebeln waschen, putzen, Wurzelenden entfernen, welke Halme zurückschneiden, in feine Ringe schneiden und in die Schüssel geben. Knoblauchzehen abziehen und durch eine Presse dazudrücken. Chilischote im Mörser zerstoßen und hinzufügen. Sojasauce, Essig und Tabasco dazugeben und das Ganze locker vermengen. Gekochten Dinkel unterheben. Die warmen Bohnen vorsichtig unter die Mischung heben, den Salat mit Gewürzen und Salz abschmecken, dann Öl daruntermischen und den Salat mit Sesam bestreuen.

Fenchelsalat mit Äpfeln und Ananas

*500 g Fenchelknollen mit Grün · Salz · 2 saftige Äpfel
2 kleine Scheiben Ananas aus der Dose (à 35 g)
2 EL Zitronensaft oder Apfelessig · weißer Pfeffer · Galgantpulver
Bertrampulver · milder Curry · 150 g Sahnedickmilch (10 % Fett)*

Fenchel waschen, putzen, die Stiele mit dem Grün abschneiden, fein wiegen und in eine Schüssel geben. Knollen in feine Streifen schneiden und in kochendem Salzwasser 2 Minuten blanchieren. Auf ein Sieb schütten, abschrecken und abtropfen lassen. Dann in die Schüssel geben. Äpfel waschen, abtrocknen, vierteln, das Kerngehäuse entfernen und das Fruchtfleisch in Würfel oder Stifte schneiden. Zum Fenchel geben. Ananasscheiben abtropfen lassen und in Stückchen schneiden, dann auch in die Schüssel geben und alles gut vermengen. Zitronensaft oder Apfelessig mit Gewürzen unter die Sahnedickmilch rühren, mit Salz abschmecken und die Sauce unter die Fenchelmischung mengen. Alles 15 Minuten im Kühlschrank durchziehen lassen, nochmals abschmecken, dann anrichten.

Variation: Man kann noch 75 g Käsestifte (Edamer, Gouda, Butterkäse) unter den Salat mischen.

Eiersalat

*6 frische Eier (Gewichtsklasse M) · 1 kleine Zwiebel
2 Gewürzgurken · 1 TL Kapern · 1 TL mittelscharfer Senf
½ Bund Schnittlauch · 2 EL Weißweinessig · Galgantpulver
Bertrampulver · Salz · 2 EL Sonnenblumenöl*

Eier in etwa 10 Minuten hart kochen. Inzwischen Zwiebel abziehen und fein würfeln. Gurken ebenfalls fein würfeln. Kapern fein wiegen. Alle Zutaten in einer Schüssel mischen und Senf unterrühren. Schnittlauch waschen, trockentupfen und hinzugeben.

Obatzter, Rezept Seite 205

Kräutersuppe, Rezept Seite 220

Eier in Kräutersauce, Rezept Seite 204

Kohlrabi mit Hähnchenfüllung, Rezept Seite 224

Avocadosalat mit Putenbrust, Rezept Seite 211

Herzhafte Dinkelpfannkuchen, Rezept Seite 212

Lammpfanne, Rezept Seite 223

Hähnchensalat, Rezept Seite 207

Thunfischsalat, Rezept Seite 214

Gebackene Pilze, Rezept Seite 220

Dinkelnocken auf Rosenkohlgemüse, Rezept Seite 208

Zanderfilet mit Basilikumsauce, Rezept Seite 216

Gratinierte Zucchinischiffchen, Rezept Seite 219

Sommersalat mit Beeren und Käse, Rezept Seite 217

Salat mit Pilzen und Käse, Rezept Seite 102

Essig, Gewürze und etwas Salz untermischen, dann das Öl darunterschlagen. Eier abschrecken, pellen und abkühlen lassen, in Scheiben oder Achtel schneiden, zur Marinade geben und vorsichtig darin wenden. Kurz durchziehen lassen.

Tip: Dazu schmeckt gebuttertes Dinkelbrot, das man vor dem Bestreichen leicht toasten kann.

Geflügelsalat

300 g Spargel · Salz zum Kochen · 1 TL Butter zum Kochen
300 g gekochtes oder gebratenes Geflügelfleisch ohne Haut und Knochen
(vom Hähnchen oder von der Pute)
2 kleine Scheiben Ananas aus der Dose (à 35 g)
2 EL Schnittlauchröllchen
FÜR DAS DRESSING:
2 EL Zitronensaft · 1 EL Ananasflüssigkeit aus der Dose
150 g Sahnedickmilch oder saure Sahne (10 % Fett) · mildes Currypulver
Bertrampulver · weißer Pfeffer · Salz

Spargel waschen, putzen und schälen, dann in mundgerechte Stücke schneiden und in kochendes Salzwasser geben. Butter hinzufügen und den Spargel zugedeckt bei milder Hitze etwa 15 Minuten (je nach Dicke der Stangen) bißfest garen. Geflügelfleisch in mundgerechte Stücke oder in Streifen schneiden und in eine Schüssel geben. Ananasscheiben abtropfen lassen und in kleine Stücke schneiden, zum Geflügelfleisch geben und den Schnittlauch untermischen. Spargel mit einer Schaumkelle aus dem Sud nehmen (Flüssigkeit für eine Suppe oder Sauce aufheben), etwas abtropfen lassen, unter die Geflügelmischung heben. Zitronensaft mit Ananasflüssigkeit unter die Sahnedickmilch rühren, das Dressing mit Gewürzen und Salz pikant abschmecken und unter die Geflügelfleischmischung mengen. Den Salat 15 Minuten durchziehen lassen, dann evtl. mit Curry und Salz nachwürzen und servieren.

Saucen und Dips

In diesem Kapitel geht es um warme und kalte Saucen zu Hauptgerichten (mit Fleisch und Gemüse) und um Dressings, Marinaden und Dips. Die Zubereitung von Saucen nach klassischer Art bereitet vielen Hausfrauen und Hausmännern Probleme, so daß sie gerne auf die kleinen Küchenhelfer, nämlich Fertigprodukte, zurückgreifen. Hier sehen Sie, daß es auch ohne diese Produkte geht.

Salatsauce mit Essig und Öl (Grundrezept)

2 EL Essig (Weißwein-, Rotwein- oder Obstessig)
1 kleine Knoblauchzehe · 1 Msp. brauner Zucker
weißer Pfeffer · Salz
4 EL frische, fein gewiegte Kräuter wie Petersilie, Kerbel,
Pimpinelle, Schnittlauch
2 EL Sonnenblumen- oder Sojaöl (möglichst kaltgepreßt)

Essig in eine Schüssel geben. Knoblauch abziehen und durch eine Presse dazudrücken. Zucker und etwas Pfeffer dazugeben, das Ganze verrühren, bis der Zucker gelöst ist, dann mit Salz abschmecken. Öl mit einem kleinen Schneebesen darunterschlagen, dann die Kräuter untermischen.

Tip: Dieses Dressing eignet sich für Blattsalate. Wer mag, kann noch eine kleine, fein gewürfelte Zwiebel untermischen.

Joghurtdressing

1 Becher Naturjoghurt mit 3,5 % Fett (Vollmilchjoghurt)
oder 10 % Fett (Sahnejoghurt) · 1 TL Zitronensaft
1 Prise Zucker · weißer Pfeffer · Salz
½ Bund Schnittlauch oder Dill, fein gewiegt

Joghurt in ein kleines Rührgefäß geben und mit Zitronensaft und der Prise Zucker glattrühren. Mit Pfeffer und Salz würzen, dann die gewiegten Kräuter daruntermischen.

Tip: Das Dressing paßt zu Fenchelsalat, Gurkensalat und zu Blattsalaten.

Feines Sahnedressing

*100 g Sahne · 1 Msp. Zucker · 1 TL Zitronensaft
weißer Pfeffer · Salz
2 EL fein gewiegte Kräuter (Dill, Kerbel)*

Sahne mit Zucker halbsteif schlagen. Zitronensaft untermischen und das Ganze mit Pfeffer und Salz würzen. Die Kräuter untermengen.

Tip: Diese Sauce paßt zu Salaten mit Früchten, zum Beispiel zu Kopfsalat mit Himbeeren, Feldsalat mit Orangenfilets, Fenchelsalat mit Äpfeln etc.

Frischkäsesauce

*150 g Rahmfrischkäse mit Kräutern (60 % F. i. Tr.)
1 Spritzer Zitronensaft · 2 EL fettarmer Naturjoghurt
weißer Pfeffer · Salz*

Frischkäse mit Joghurt und Zitronensaft in eine Schüssel geben und mit einem Schneebesen glattrühren. Die Sauce mit Pfeffer und Salz abschmecken.

Tip: Die Sauce kann man an Stelle von Mayonnaise für viele Feinkostsalate verwenden.

Käsesauce

100 g Edelpilzkäse (Blauschimmelkäse mit 50 – 70 % Fett i. Tr.)
75 ml Milch · 1 – 2 TL Zitronensaft
½ Bund Schnittlauch, fein gewiegt

Käse in ein Rührgefäß geben und mit einer Gabel grob zerdrücken. Milch zugießen und das Ganze mit einem Schneebesen kräftig verrühren, so daß eine glatte, dickflüssige Sauce entsteht. Zitronensaft darunterrühren und Schnittlauch unterziehen.

Tip: Dieses würzige Dressing paßt zu Fenchelsalat, Kartoffelsalat, Sellerie- und Karottensalat und zu pikanten Salaten mit Früchten. Wenn Sie es mit weniger Milch zubereiten und es so etwas fester wird, können Sie es als Dip verwenden. Sie können es auch mit 1 bis 2 EL Quark strecken.

Mayonnaise
(Delikateßmayonnaise, 80 % Pflanzenöl)

(Für 250 g)
2 frische Eigelbe (von Eiern der Gewichtsklasse M)
2 TL mittelscharfer Senf · weißer Pfeffer · Salz
200 ml Sonnenblumen- oder Sojaöl

Eigelbe in ein Rührgefäß geben und mit den Schneebesen eines elektrischen Handrührgerätes aufschlagen. Dabei Senf, Pfeffer und Salz zugeben. Das Öl zunächst teelöffelweise unterschlagen, dann in einem dünnen Strahl unter ständigem Rühren dazugeben. Die Masse muß hell und cremig werden. So lange weiterschlagen, bis die Mayonnaise ihre typische, dicke Konsistenz hat. Im Kühlschrank aufbewahren, aber rasch verbrauchen.

Tip: Die Mayonnaise eignet sich für viele Gerichte, ist allerdings sehr fett- und kalorienreich. Etwas leichter ist die gestreckte Mayonnaise, die ich Ihnen im folgenden Rezept vorstelle:

Salatmayonnaise
(Gestreckte Mayonnaise, 50 % Pflanzenöl)

(Für 450 g)
250 g Mayonnaise nach dem vorhergehenden Rezept
100 g saure Sahne (10 % Fett) · 100 g Magerquark
1 EL Zitronensaft · weißer Pfeffer · Salz

Unter ständigem Rühren die saure Sahne und den Quark zu der Mayonnaise aus dem Grundrezept geben und die Masse mit Zitronensaft, Pfeffer und Salz abrunden.

Variation: Diese erheblich leichtere Mayonnaise eignet sich für viele Salatsaucen (man kann sie mit Sahne, Buttermilch oder Kefir flüssiger machen) und für würzige Dips.

Remouladensauce

(Für ca. 250 g)
*250 g Delikateßmayonnaise
nach dem Rezept auf Seite 122 · 1 TL Zitronensaft
1 Schalotte · 1 kleine Knoblauchzehe
1 EL fein gewiegte Kapern · ½ Bund Dill · ½ Bund Schnittlauch
weißer Pfeffer · Salz*

Den Zitronensaft unter die Mayonnaise rühren. Die Schalotte und die Knoblauchzehe abziehen, fein würfeln und in eine Schüssel geben. Die Kapern hinzugeben. Die Kräuter waschen, trockenschütteln und fein wiegen. Zu den Zutaten in der Schüssel geben und das Ganze mit einem Passierstab pürieren. Die Masse sorgfältig aus dem Passierstab herausstreichen, in die Schüssel geben und die Mayonnaise unterrühren. Mit Pfeffer und Salz würzen.

Tip: Remoulade kann man hervorragend für Dressings und Dips verwenden. Man kann sie wie Mayonnaise auch strecken und flüssiger machen (mit Joghurt, Dickmilch, Sahne, saurer Sahne etc.). Sie paßt prima zu gekochtem Rindfleisch, zu Räucherfisch und zu Eiergerichten.

Kräuterdip

3 EL (ca. 75 g) selbstgemachte Delikateßmayonnaise (Rezept Seite 122)
1 TL Zitronensaft · 200 g Speisequark (20 % F. i. Tr.)
2 EL saure Sahne (10 % Fett) · ½ Bund Schnittlauch
½ Bund Dill · 1 Zweig Quendel · 1 kleiner Zweig Basilikum
weißer Pfeffer · Bertrampulver · Salz

Mayonnaise mit Zitronensaft, Quark und saurer Sahne in eine Schüssel geben und verrühren. Kräuter waschen, trockentupfen, Schnittlauch in Röllchen schneiden, vom Dill grobe Stengel entfernen und das zarte Kraut fein wiegen, Quendelblättchen vom Zweig abstreifen und die Basilikumblätter abzupfen und fein wiegen. Kräuter zu der Quarkmasse geben, gründlich untermischen, dann die Masse mit Pfeffer, Bertram und Salz pikant würzen.

Tip: Der Kräuterdip paßt zu Gemüse und geröstetem Brot, die man darin eindippt. Geeignet sind Gemüsesorten wie Fenchel, Staudensellerie, Gurken, Karotten, Spargel und Schwarzwurzeln (beide gegart). Man kann den Dip auch als Brotaufstrich verwenden oder zu Pellkartoffeln servieren.

Paprikadip

200 g Magerquark
150 g saure Sahne (10 % Fett) oder Schmand (24 % Fett)
1 EL Zitronen- oder Orangensaft · 75 g rote Paprikaschote ohne Kerne
und Stielansatz · 1 EL Tomatenketchup · Paprikapulver edelsüß
Galgantpulver · Bertrampulver · ½ TL Zucker · Salz

Quark mit saurer Sahne oder Schmand und Zitronen- oder Orangensaft in eine Schüssel geben und cremig rühren. Paprika waschen, trockentupfen und sehr fein wiegen. Mit Ketchup unter die Quarkcreme rühren und die Masse kräftig würzen. Mit Zucker und Salz abrunden.

Weiße Sauce aus Dinkelmehl

(Für ½ l Sauce)
3 EL Butter (ca. 50 g) · 4 EL feines Dinkelmehl (ca. 60 g)
100 g Sahne · 500 ml kräftige Kalbsbrühe (selbstgemacht) oder heller
Kalbsfond aus dem Glas · weißer Pfeffer
1 Prise geriebene Muskatnuß · Salz

Die Butter in einer Kasserolle erhitzen und das Mehl hineinstäuben. Unter ständigem Rühren hell anschwitzen, dann den Topf vom Herd nehmen und die Mehlschwitze mit der Sahne ablöschen. Weiterrühren, bis sich das Ganze zu einem dicken Brei verbindet, dann wieder erhitzen und unter Rühren die kalte Brühe bzw. den Fond einrühren. Die Masse aufkochen lassen und dabei zu einer sämigen Sauce verrühren. Bei schwacher Hitze offen etwa 10 Minuten leise köcheln lassen, damit der Mehlgeschmack verschwindet und sich die Geschmacksstoffe konzentrieren. Die Sauce mit Pfeffer, Muskat und Salz würzen.

Variation: Diese Sauce ist die Grundlage für viele andere Saucen wie zum Beispiel Dill-, Estragon- oder Senfsauce.

Béchamelsauce aus Dinkelmehl

(Für ½ l Sauce)
2 Schalotten · 4 EL Butter
2 EL gewürfelter gekochter Schinken oder Rindersaftschinken
5 EL feines Dinkelmehl
250 ml Milch · 250 ml Kalbsfond · weißer Pfeffer
geriebene Muskatnuß · Salz

Die Schalotten abziehen und fein würfeln. Die Butter in einer Kasserolle erhitzen und die Schalotten darin glasig werden lassen. Den Schinken dazugeben und kurz mitdünsten, dann das Mehl darüberstäuben und unter Rühren hell anschwitzen. Den Topf vom Herd nehmen und die Milch einrühren. Das Ganze wieder erhitzen und unter Rühren aufkochen lassen. Den Kalbsfond unterrühren und alles zu einer glatten Sauce verrühren. Etwa 10 Minuten offen bei schwacher Hitze durchköcheln, dann mit Pfeffer, Muskat und Salz abschmecken.

Variation: Aus der Béchamel- kann man ganz leicht eine Käsesauce (Sauce Mornay) zubereiten: In die köchelnde Sauce rührt man ein frisches Eigelb, 50 g Sahne und 50 g geriebenen Käse (Emmentaler, Bergkäse, Gouda oder andere). Die Sauce wird ohne weitere Hitzezufuhr weitergerührt, bis der Käse geschmolzen ist. Béchamel- und Käsesaucen eignen sich ideal zum Überbakken von Gemüse und zur Zubereitung von Aufläufen und Gratins.

Hauptgerichte

In der Hildegard-Küche sind auch bei den Hauptmahlzeiten die »hundertprozentig gesunden« Nahrungsmittel rezeptbestimmend. Allen voran natürlich der Dinkel, den man auf sehr vielfältige Art und Weise zubereiten kann. Auch Edelkastanien als sättigende Beilage oder als Füllung von Geflügel haben ihren festen Platz. Unter anderem stelle ich Ihnen auch einige Kartoffelgerichte vor, obgleich Hildegard die Kartoffel nicht kannte. Sie hat heute in der Küche dieselbe Bedeutung wie Edelkastanien und Kichererbsen zu Hildegards Zeit.

Dinkelreis-Gemüse-Pfanne

*125 g Dinkelkörner · 1 kleine Zwiebel · 1 Knoblauchzehe
2 EL Butter · 250 ml Fleisch- oder Gemüsebrühe · Galgantpulver
Bertrampulver · Salz · 1 Stengel Staudensellerie mit Grün (ca. 60 g)
100 g Karotten · 100 g Fenchelknolle mit Grün · 150 g Zucchini
1 kleiner Zweig Liebstöckel · 1 Zweig Quendel (ersatzweise Thymian)
1 Msp. brauner Zucker · weißer Pfeffer aus der Mühle*

Dinkel in kaltem Wasser waschen. Oben schwimmende Spelzen entfernen, die Körner auf ein Sieb schütten und abtropfen lassen. Die Zwiebel und die Knoblauchzehe abziehen und fein würfeln. In einem Topf 1 EL Butter erhitzen und die Zwiebel- und Knoblauchwürfel darin glasig werden lassen. Dinkel hinzugeben, unter Rühren kurz andünsten, aber nicht bräunen, dann Brühe, Gewürze und etwas Salz hinzugeben. Aufkochen, dann bei schwacher Hitze im geschlossenen Topf etwa 20 Minuten garen. Die Körner sollen ähnlich wie Reis bißfest werden. Inzwischen Gemüse waschen und putzen. Staudensellerie in Scheiben schneiden und die Blätter fein wiegen. Karotten schälen und fein würfeln. Fenchel in feine Streifen schneiden, das Grün grob wiegen. Zucchini fein würfeln. Kräuter waschen, die Blättchen von den Zweigen zupfen und fein wiegen. Die restliche Butter in einer großen beschichteten Pfanne erhitzen, Gemüse und Kräuter dazugeben und unter gelegentlichem Rühren bei milder Hitze andünsten. Bei Bedarf etwas Wasser angießen, dann das Gemüse zugedeckt 10 Minuten dünsten. Mit Zucker, Pfeffer und Salz würzen. Den Dinkelreis zu dem Gemüse geben, alles gut vermengen, nochmals abschmecken und servieren.

Tip: Zu diesem risottoähnlichen Gericht passen kurz gebratenes Fleisch oder Rindergeschnetzeltes und frischer Salat (z. B. Kopfsalat, Bataviasalat, Feldsalat).

Variation: Man kann auch andere Gemüsesorten verwenden oder einige frische Champignons unter das Gemüse mischen.

Gemüse-Dinkel-Puffer

(ERGIBT 12 STÜCK)
*225 g Karotten · 225 g Zucchini · 1 mittelgroße Zwiebel
1 kleiner Zweig Liebstöckel · 2 Eier (Gewichtsklasse M)
75 g dicke saure Sahne (10 % Fett) · 1 Msp. Galgant · weißer Pfeffer
geriebene Muskatnuß · 100 g feines Dinkelmehl (Type 630)
25 g zarte Vollkornhaferflocken · Salz
Sonnenblumenöl zum Ausbacken*

Karotten und Zucchini waschen, abtrocknen, die Enden abschneiden und das Gemüse schälen. Dann auf einer Reibe in eine Schüssel raspeln. Zwiebel abziehen und dazuraspeln. Liebstöckel waschen, trockentupfen, Blätter von den Stielen zupfen und fein wiegen. Unter das Gemüse mischen. Eier verquirlen und untermengen. Dinkelmehl und Haferflocken unterrühren und den Teig kräftig würzen. 10 Minuten durchziehen lassen. In einer beschichteten Pfanne etwas Öl erhitzen und den Teig eßlöffelweise hineinsetzen. Jeweils etwas breit drücken und die Puffer bei mittlerer Hitze auf jeder Seite etwa 4 Minuten braten, bis sie knusprig sind.

Tip: Die Puffer schmecken übrigens auch kalt – zum Beispiel als Belag eines »Dinkel-Burgers«. Dazu bestreichen Sie ein Dinkelbrötchen mit Kräuterquark, verteilen darauf reichlich frische Kresse und legen dann den Gemüsepuffer zwischen die Brötchenhälften. Im Gegensatz zu den Hamburgern aus der Imbißbude sättigt der Dinkel-Burger viel besser und ist gesünder.

Variation: Statt Karotten und Zucchini kann man auch Kartoffeln verwenden. Sie können auch andere feste Gemüsesorten wie Kohlrabi, Rote Bete und Pastinaken verwenden.

Dinkelbratlinge mit Kräutersauce

FÜR DIE BRATLINGE:
1 Zwiebel · 100 g frische Champignons · 1 kleiner Zweig Liebstöckel
1 Zweig Quendel · 1 EL Butter
300 g gekochte Dinkelkörner (»Dinkelreis«)
2 frische Eier (Gewichtsklasse M) · Galgantpulver · Bertrampulver
1 Msp. geriebene Muskatnuß · Salz · Dinkelsemmelbrösel (aus
trockenen Dinkelsemmeln) · Sonnenblumenöl zum Braten

FÜR DIE KRÄUTERSAUCE:
1 Bund Schnittlauch · ½ Bund Kerbel · 1 Bund Dill
300 g saure Sahne (10 % Fett) · 5 EL Sahne · 1 TL Zitronensaft
½ TL mittelscharfer Senf · weißer Pfeffer · Salz

Zwiebel abziehen und fein würfeln. Champignons waschen, trockentupfen, falls nötig putzen, fein wiegen. Kräuter waschen, trockentupfen und die Blättchen fein wiegen. Die Butter in einem Topf erhitzen, Zwiebelwürfel darin glasig werden lassen, Champignons und Kräuter dazugeben und unter Rühren kurz mitdünsten. Die Masse in eine Schüssel geben und die Dinkelkörner daruntermischen. Eier dazuschlagen und das Ganze miteinander vermengen. Mit Gewürzen und etwas Salz verrühren, dann so viele Dinkelsemmelbrösel untermischen, daß ein weicher Teig entsteht. 10 Minuten quellen lassen. Den Teig mit nassen Händen zu Bratlingen (in Frikadellengröße) formen und in Semmelbröseln wenden. Etwas Öl in einer beschichteten Pfanne erhitzen und die Bratlinge nacheinander hineingeben. Auf beiden Seiten goldbraun braten, zwischendurch immer wieder etwas Öl in die Pfanne geben. Die fertigen Bratlinge bis zum Servieren warm stellen. Für die Sauce Kräuter waschen, trockentupfen und fein wiegen. In eine Schüssel geben, saure Sahne, Sahne, Zitronensaft und Senf unterrühren und mit Pfeffer und Salz abschmecken. Die Sauce umfüllen und zu den Bratlingen servieren.

Tip: Dinkelreis kocht man wie normalen Reis: 1 Teil Körner wird mit 2 Teilen Flüssigkeit (Wasser oder Brühe) etwa 20 Minuten zugedeckt bei milder Hitze bißfest gegart. Wenn Sie geschälte Dinkelkörner (»Kernotto«) verwenden, dauert das Garen etwa 12 bis 15 Minuten. 300 g gekochte Dinkelkörner werden aus 100 g rohen Körnern zubereitet. Man kann die Körner auch über Nacht einweichen, dann sind sie schneller gar.

Tip: Zu den Bratlingen paßt frischer Blattsalat mit Radieschen. Er wird mit einem Essig-Öl-Dressing angemacht.

Dinkelkernotto, exotisch

150 g Dinkelkernotto (geschälte Dinkelkörner) · 2 EL Butter
300 ml Hühnerbrühe · Salz · 1 – 2 Safranfäden nach Belieben
200 g Fenchel mit Grün · 1 kleiner Apfel · 50 g Rosinen
reichlich Galgantpulver · weißer Pfeffer aus der Mühle
mildes Currypulver · 1 TL Sojasauce · 1 Msp. brauner Zucker
Honig · 100 g Sahne

Dinkelkörner abbrausen und abtropfen lassen. 1 EL Butter in einem Topf erhitzen, Dinkel darin unter Rühren kurz andünsten. Brühe, etwas Salz und Safran dazugeben und das Ganze aufkochen lassen. Zugedeckt bei milder Hitze etwa 12 bis 15 Minuten garen. Inzwischen den Fenchel waschen, putzen und samt Grün klein schneiden. Apfel waschen, trockentupfen, vierteln, Kerngehäuse entfernen und würfeln. Rosinen in heißem Wasser einweichen und 5 Minuten quellen lassen. Restliche Butter in einer großen beschichteten Pfanne erhitzen, Fenchel und Apfelstückchen darin andünsten, Rosinen dazugeben und kurz mitdünsten. Den fertigen Dinkel dazugeben, gut untermischen und mit Gewürzen, Sojasauce und etwas Honig abschmecken. Dann die Sahne einrühren und alles offen etwa 3 Minuten köcheln lassen.

Dinkelgratin

*2 EL Butter · 250 g gekochte Dinkelkörner (Dinkelreis)
200 g Zucchini · 150 g Fleischtomaten
1 kleine Zwiebel · Knoblauch · 2 EL Butter · weißer Pfeffer
Galgantpulver · Bertrampulver · 2 EL fein gewiegte Petersilie
1 Zweig Quendel · Salz · 125 ml Béchamelsauce (Rezept Seite 127)
100 g geraspelter Gouda*

Backofen auf 200° C vorheizen und eine Gratinform mit 1 TL Butter ausstreichen. Die Dinkelkörner in die Form geben. Die Zucchini waschen, trockentupfen, die Enden knapp abschneiden und das Gemüse in ½ cm dicke Scheiben schneiden. Die Tomaten waschen, abtrocknen, den Stielansatz jeweils herausschneiden und das Gemüse ebenfalls in ½ cm dicke Scheiben schneiden. Zwiebel und Knoblauch abziehen und fein würfeln. Die restliche Butter in einer beschichteten Pfanne erhitzen und die Zwiebel- und Knoblauchwürfel darin andünsten. Die Zucchini- und Tomatenscheiben dazugeben und 3 Minuten bei milder Hitze mitdünsten. Das Gemüse mit den Gewürzen und der Petersilie mischen. Den Quendel waschen, trockentupfen, die Blättchen vom Zweig abzupfen und unter das Gemüse mischen. Das Ganze mit Salz abschmecken. Das Gemüse unter den Dinkelreis verteilen, die Sauce darübergeben und das Ganze mit dem Käse bestreuen. Im Backofen auf mittlerer Einschubleiste 30 Minuten überbacken.

Tip: Dazu paßt frischer Blattsalat.

Dinkelauflauf mit Gemüse

150 g Kohlrabi · 200 g Karotten · 150 g Pastinaken
1 Zwiebel · 1 Zweig Liebstöckel · 1 EL Butter
75 ml Gemüse- oder Fleischbrühe (aus Instantpulver) · Galgantpulver
Bertrampulver · 1 Prise geriebene Muskatnuß
Salz · 75 g Crème fraîche · Butter für die Form
3 frische Eier (Gewichtsklasse M) · 450 g gekochte Dinkelkörner
(Dinkelreis, aus 150 g rohen Dinkelkörnern)
75 g geriebener Emmentaler · 2 EL fein gewiegte Petersilie

Kohlrabi, Karotten und Pastinaken waschen, putzen und schälen. Vom Kohlrabi die innersten Stiele mit den Blättchen abschneiden und grob wiegen. Das Gemüse in kleine Würfel schneiden. Die Zwiebel abziehen und fein würfeln. Den Liebstöckel waschen, trockentupfen und die Blättchen fein wiegen. In einem Topf die Butter erhitzen und die Zwiebelwürfel darin glasig werden lassen. Das Gemüse und den Liebstöckel dazugeben, unter Rühren gut andünsten, dann mit Galgant, Bertram, Muskat und Salz würzen. Die Crème fraîche unterziehen. Den Backofen auf 200° C vorheizen und eine hitzefeste Form mit etwas Butter ausstreichen. Die Eier sorgfältig trennen. Das Eigelb in eine Rührschüssel geben und mit den Schneebesen eines elektrischen Handrührgeräts schaumig schlagen. Die Dinkelkörner und die Gemüsemischung dazugeben und das Ganze gut vermengen. Das Eiweiß steif schlagen, unter die Dinkel-Gemüse-Masse heben und das Ganze in die Auflaufform füllen. Mit dem Käse bestreuen und im Backofen auf mittlerer Einschubleiste etwa 40 Minuten backen. Vor dem Servieren mit Petersilie bestreuen.

Dinkel-Gemüse-Gratin

250 g Dinkelkernotto (geschälte Dinkelkörner, Rohgewicht)
500 ml Brühe (selbstgemacht oder aus Instantpulver)
Galgantpulver · Bertrampulver · 1 Msp. geriebene Muskatnuß
600 g junge grüne Bohnen · Salz · 1 Knoblauchzehe
1 Zweig Bohnenkraut · 1 Zweig Quendel
1½ EL Butter · weißer Pfeffer aus der Mühle
1 frisches Ei (Gewichtsklasse M) · 150 g saure Sahne
150 g geraspelter Käse (Emmentaler, Gouda, Bergkäse, Raclette)

Die Dinkelkörner kalt überbrausen und abtropfen lassen. Die Brühe aufkochen und den Dinkel sowie die Gewürze dazugeben. Das Ganze zugedeckt bei schwacher Hitze etwa 12 bis 15 Minuten garen. Inzwischen die Bohnen waschen, putzen und in 4 cm lange Stücke schneiden. Reichlich Wasser mit etwas Salz aufkochen, die Bohnen dazugeben und 10 bis 12 Minuten garen. Auf ein Sieb schütten, abschrecken und gut abtropfen lassen. Die Knoblauchzehe abziehen und fein würfeln. Die Kräuter waschen, trockentupfen und die Blättchen fein wiegen. 1 EL Butter in einem Topf erhitzen, den Knoblauch zusammen mit den Bohnen darin andünsten, dann die Kräuter untermischen und das Ganze mit Pfeffer und Salz würzen. Den Backofen auf 200° C vorheizen und eine Gratinform mit der restlichen Butter ausstreichen. Das Ei in eine Schüssel geben, mit einem Schneebesen gut verquirlen, die saure Sahne und die Hälfte des Käses unterrühren und die Masse mit Pfeffer, Muskat und Salz würzen. Das Dinkelkernotto vom Herd nehmen, gut durchrühren und dabei etwas abkühlen lassen. Dann unter die Ei-Käse-Masse mischen und die Hälfte in die Gratinform füllen. Darauf die Hälfte der Bohnen, dann wieder Dinkelmasse und zum Schluß eine Schicht Bohnen. Den restlichen Käse darauf verteilen und das Ganze im Backofen auf mittlerer Einschubleiste 30 Minuten backen.

Tip: Dazu passen Lammkotelettes.

Dinkelbrotgratin mit Pilzen und Kräutern

250 g Dinkelbrot in Scheiben oder 10 Scheiben Dinkeltoastbrot
350 g frische Champignons oder Waldpilze · 1 Bund Petersilie
½ Bund Schnittlauch · 1 Zwiebel · 1 kleine Knoblauchzehe
40 g Butter · Galgantpulver · Bertrampulver
1 Prise Griechenkleemischpulver (Bockshornklee, ersatzweise Curry)
Salz · 2 EL feines Dinkelmehl (ca. 40 g) · 100 g Sahne
200 ml Gemüse- oder Fleischbrühe · 1 frisches Ei (Gewichtsklasse M)
175 g geraspelter Käse (Emmentaler, Bergkäse, Raclette,
Edamer oder Gouda) · 1 Msp. geriebene Muskatnuß
1 Prise grob gemahlener Kümmel

Die Brotscheiben leicht toasten, dann in große Stücke schneiden. Das Toastbrot diagonal halbieren. Pilze waschen, putzen und blättrig schneiden. Die Kräuter waschen, trockentupfen und fein wiegen. Zwiebel und die Knoblauchzehe abziehen und fein würfeln. 1 EL Butter in einer Pfanne erhitzen. Zwiebel- und Knoblauchwürfel darin glasig werden lassen, Pilze und Kräuter hinzugeben und unter gelegentlichem Wenden 3 Minuten dünsten. Würzen. Vom Herd nehmen und abkühlen lassen. Restliche Butter in einem Topf erhitzen. Mehl darin unter Rühren hell anschwitzen, den Topf vom Herd nehmen und die Mehlschwitze mit Sahne ablöschen. Mit einem Schneebesen das Ganze glattrühren, dann wieder zum Kochen bringen und unter Rühren die Brühe hinzugeben. Die Masse durchköcheln lassen, dabei zu einer sämigen Sauce verrühren. Mit Galgant, Bertram und Salz kräftig würzen und 5 Minuten leise durchköcheln lassen. Inzwischen den Backofen auf 200° C vorheizen. Die Pilz-Kräuter-Masse in eine Gratinform füllen, die Brotscheiben aufrecht stehend dazwischen verteilen. Sauce vom Herd nehmen und das Ei, die Hälfte des Käses, Muskat und Kümmel darunterrühren. Sauce zwischen die Brotscheiben verteilen, das Ganze mit dem restlichen Käse bestreuen und im Backofen auf mittlerer Einschubleiste 30 Minuten backen, bis die Oberfläche goldbraun und knusprig ist.

Dinkelrösti mit Zucchini und Sauerrahm

*3 frische Eier (Gewichtsklasse M) · Galgantpulver
Bertrampulver · 1 Msp. geriebene Muskatnuß · Salz · 1 Zwiebel
1 Knoblauchzehe · ½ Bund Petersilie · 2 Zweige Quendel
400 g Zucchini · 400 g gekochte Dinkelkörner (Dinkelreis)
Sonnenblumenöl zum Braten
300 g saure Sahne (10 % Fett)*

Die Eier in eine große Schüssel schlagen und mit den Schneebesen eines elektrischen Handrührgerätes schaumig schlagen. Die Gewürze und etwas Salz darunterrühren. Die Zwiebel und die Knoblauchzehe abziehen, die Zwiebel fein reiben und dazugeben, die Knoblauchzehe durch eine Presse dazudrücken. Die Kräuter waschen, mit Küchenkrepp trockentupfen, die Blättchen fein wiegen und hinzufügen. Die Zucchini waschen, abtrocknen, die Enden knapp abschneiden und das Gemüse auf einer Rohkostreibe grob raspeln. Zu der Eiermasse geben und das Ganze gut vermengen. Die Dinkelkörner hinzugeben und die Masse zu einem glatten Teig verrühren. Etwas Öl in einer beschichteten Pfanne erhitzen und so viel Teig hineingeben, daß der Pfannenboden ganz bedeckt ist. Den Fladen von beiden Seiten knusprig backen und auf einen Teller geben. Bis zum Servieren warm stellen (am besten im Backofen bei 50 °C). Den restlichen Teig in gleicher Weise verarbeiten. Die saure Sahne glattrühren und zu den Dinkelrösti servieren.

Pfannkuchentorte

FÜR DIE PFANNKUCHEN:
3 frische Eier · ½ TL Salz · Galgantpulver · Bertrampulver
1 Prise geriebene Muskatnuß · 250 ml Milch · 100 ml Mineralwasser
1 Bund Kerbel · 300 g feines Dinkelmehl
½ Päckchen Weinsteinbackpulver (aus dem Reformhaus)
Sonnenblumenöl zum Backen

FÜR DIE FÜLLUNG:
200 g frischer Blattspinat · 1 Knoblauchzehe · weißer Pfeffer
Salz · 1 kleines Ei (Gewichtsklasse S) · 2 EL Semmelbrösel
1 Packung Doppelrahmfrischkäse mit französischen Kräutern
(200 g, 60 oder 70 % F. i. Tr.)

ZUM BESTREUEN:
50 g geraspelter Emmentaler oder Bergkäse

Eier in ein Rührgefäß schlagen und verquirlen. Salz und Gewürze untermischen. Dann Milch und Mineralwasser darunterschlagen. Kerbel waschen, trockentupfen und die Blättchen fein wiegen. Unter die Eiermilch mischen. Mehl mit Backpulver vermengen und unter die Eiermasse rühren. Den Teig 30 Minuten quellen lassen. Etwas Öl in einer Pfanne erhitzen und aus dem Teig nacheinander dünne Pfannkuchen herausbacken. Beiseite stellen. Für die Füllung den Spinat waschen, verlesen, die Blätter von den Stielen schneiden und mit kochendheißem Wasser überbrühen. Auf ein Sieb geben und abtropfen lassen. Dann gut ausdrücken. Den Spinat grob wiegen und in eine Schüssel geben. Knoblauchzehe abziehen und durch eine Presse dazudrücken. Mit Pfeffer und Salz würzen, das Ei daruntermischen, Semmelbrösel und zuletzt den Frischkäse unterrühren. Backofen auf 200° C vorheizen. Einen Pfannkuchen in eine runde Auflauflauf- oder eine Springform legen. Darauf etwas von der Spinatmasse verteilen, dann wieder einen Pfannkuchen darauf legen. Schicht für Schicht darauf geben, als Abschluß einen Pfannkuchen. Darauf den Käse streuen und das Ganze im Backofen auf mittlerer Einschubleiste 30 Minuten backen, bis die Torte eine schöne Kruste hat.

Dinkelgrießauflauf mit Äpfeln

80 g Butter · 1 l Milch
1 Prise Salz · 250 g weißer Dinkelgrieß
3 frische Eier (Gewichtsklasse M) · 125 g brauner Zucker
abgeriebene Schale von 1 unbehandelten Zitrone
400 g Äpfel · ½ TL Zimtpulver

In einem Topf 1 EL Butter schmelzen. Die Milch und das Salz dazugeben und aufkochen. Unter Rühren den Grieß einrieseln lassen und das Ganze in 3 Minuten zu einem dicken Brei kochen. Vom Herd nehmen und abkühlen lassen. Die Eier sorgfältig trennen. Das Eigelb in eine Schüssel geben und mit den Schneebesen eines elektrischen Handrührgerätes schaumig schlagen. Die restliche Butter bis auf einen Teelöffel, den Zucker und die Zitronenschale hinzugeben und das Ganze so lange schlagen, bis sich der Zucker vollständig gelöst hat. Den kalten Grießbrei untermischen. Das Eiweiß sehr steif schlagen und daruntermischen. Den Backofen auf 180° C vorheizen und eine Auflaufform mit der restlichen Butter ausstreichen. Die Äpfel waschen, schälen, vierteln, das Kerngehäuse entfernen und das Fruchtfleisch in dünne Spalten schneiden. Eine Schicht Grießbrei in die Form geben, darauf einige Apfelspalten verteilen und mit Zimt bestreuen. Abwechselnd Grießbrei, Äpfel und Zimt aufschichten. Die letzte Schicht muß Grießbrei sein. Das Ganze im Backofen auf mittlerer Einschubleiste 40 Minuten backen.

Dinkel-Quark-Auflauf

400 ml Milch · 1 Stückchen Vanilleschote
125 g weißer Dinkelgrieß · 100 g brauner Zucker
3 frische Eier (Gewichtsklasse S)
400 g Magerquark · 50 g Sahne · 1 EL Zitronensaft
Butter für die Form · Semmelbrösel für die Form

Die Milch zum Kochen bringen. Die Vanilleschote der Länge nach aufschneiden, das Mark herausschaben und zusammen mit der Vanilleschote zur Milch geben. Unter Rühren den Grieß einrieseln lassen, das Ganze kurz aufwallen lassen, dann vom Herd nehmen, die Hälfte des Zuckers einrühren und das Ganze einige Minuten ausquellen lassen. Die Vanilleschote herausnehmen. Den Backofen auf 180° C vorheizen. Die Eier sorgfältig trennen. Eigelb in eine Schüssel geben und mit den Schneebesen eines elektrischen Handrührgerätes aufschlagen. Den restlichen Zucker unter Rühren einrieseln lassen und so lange weiterschlagen, bis eine hellgelbe Creme entstanden ist und sich die Zuckerkristalle völlig gelöst haben. Den Quark, die Sahne und den Zitronensaft unterrühren. Das Eiweiß steif schlagen. Den Quark gleichmäßig unter die Grießmasse ziehen, dann den Eischnee unterheben. Eine Auflaufform mit Butter ausstreichen und mit Semmelbröseln ausstreuen. Die Grieß-Quark-Masse einfüllen und das Ganze auf mittlerer Einschubleiste ca. 40 Minuten backen. Falls die Oberfläche zu stark bräunt, die Hitze um 10° C reduzieren und ein Stück Alufolie auf die Oberfläche legen.

Tip: Dazu paßt gut gekühltes Apfel- oder Birnenkompott.

Fränkischer Weckschmarren (Semmelauflauf)

8 – 10 Dinkelbrötchen vom Vortag · ½ l heiße Milch
100 g brauner Zucker · 1 Päckchen Vanillezucker
3 EL Rosinen · 300 g saftige Äpfel · 1 EL Butter
2 EL Semmelbrösel · 1 EL gemahlene Haselnüsse
4 frische Eier (Gewichtsklasse M)
5 EL Sahne

Die Brötchen in sehr dünne Scheiben schneiden und mit den Bröseln, die beim Schneiden entstehen, in eine große Schüssel geben. Die heiße Milch darübergießen und die Hälfte des Zuckers und Vanillezuckers darüberstreuen. Das Ganze 15 Minuten quellen lassen, zwischendurch ein- bis zweimal durchmischen. Die Rosinen in eine Tasse mit kochendheißem Wasser geben und 5 Minuten einweichen. Auf ein Sieb schütten, abtropfen lassen und unter die Brötchenmasse mischen. Die Äpfel waschen, abtrocknen, vierteln, das Kerngehäuse jeweils entfernen und die Apfelviertel kleinschneiden. Dann ebenfalls unter die Brötchenmasse mischen. Den Backofen auf 200° C vorheizen. Eine Auflaufform mit der Butter ausstreichen und mit einer Mischung aus Semmelbröseln und Haselnüssen ausstreuen. Die Eier in ein Rührgefäß schlagen und mit einem Schneebesen verquirlen. Die Sahne, den restlichen Zucker und Vanillezucker darunter rühren und die Eiermasse unter die Brötchenmasse mischen. Das Ganze in die Auflaufform füllen und im Backofen auf mittlerer Einschubleiste etwa 40 Minuten backen.

Tip: Dazu paßt kaltes Apfelmus oder warme Vanillesauce. Auch Kirschkompott mit etwas Schlagsahne schmeckt ganz köstlich zu diesem süßen Hauptgericht.

Kirschenmichel

FÜR DEN AUFLAUF:
5 Dinkelbrötchen · 100 g Butter · 375 ml heiße Milch
125 g brauner Zucker · 4 frische Eier (Gewichtsklasse M)
1 Msp. Zimtpulver · abgeriebene Schale von 1 unbehandelten Zitrone
1 Prise Salz · 1 kg entsteinte Sauerkirschen (evtl. aus dem Glas)
2 cl Kirschwasser

FÜR DIE FORM:
1 EL Butter · 75 g fein gewiegte Mandeln
1 – 2 EL Semmelbrösel (von altbackenen Dinkelbrötchen)

ZUM BESTREUEN:
2 EL Puderzucker

Dinkelbrötchen in dünne Scheiben schneiden. 30 g Butter in einer beschichteten Pfanne erhitzen und die Brötchenscheiben darin von beiden Seiten goldbraun rösten. Alles in eine Schüssel geben und mit der Milch übergießen. Etwa 15 Minuten durchweichen lassen. Die restliche Butter in eine Schüssel geben und mit den Schneebesen eines elektrischen Handrührgerätes schaumig schlagen. Zucker unter Rühren einrieseln lassen und so lange schlagen, bis der Zucker gelöst ist. Eier sorgfältig trennen, das Eiweiß in ein Rührgefäß geben und beiseite stellen, das Eigelb unter die Butter-Schaummasse rühren. Dann den Zimt und die abgeriebene Zitronenschale unterrühren und nach und nach die Brötchenmasse mit einer Gabel untermischen. Den Backofen auf 180° C vorheizen. Das Eiweiß zusammen mit dem Salz steif schlagen. Die Kirschen auf ein Sieb schütten und abtropfen lassen. Die Kirschen, das Kirschwasser und den Eischnee locker unter die Brötchenmasse heben. Eine Auflaufform mit der Butter ausstreichen und mit den Mandeln und den Semmelbröseln ausstreuen. Die Auflaufmasse einfüllen und das Ganze im Backofen auf mittlerer Einschubleiste etwa 1 Stunde backen. Vor dem Servieren mit Puderzucker bestäuben.

Tip: Dazu paßt warme Vanillesauce.

Dinkelnudeln
(Nudelteig Grundrezept)

500 g feines Dinkelmehl
3 frische Eier (Gewichtsklasse M) · 2 EL Sonnenblumenöl
5 EL warmes Wasser · 1 TL Salz
1 TL Galgantpulver · 1 TL Bertrampulver
feines Dinkelmehl zum Bestreuen und Ausrollen

Mehl auf die Arbeitsfläche sieben, in die Mitte eine Vertiefung drücken. Die Eier in ein Rührgefäß schlagen und zusammen mit dem Öl, dem Wasser, dem Salz und den Gewürzen verquirlen. Die Eiermasse in die Vertiefung geben und nach und nach das Mehl unterarbeiten. Das Ganze mit den Händen zu einem elastischen Teig verkneten. Den Teig in ein mit Dinkelmehl bestreutes Tuch wickeln und 30 Minuten ruhen lassen. Etwas Mehl auf die Arbeitsfläche streuen und den Teig darauf portionsweise sehr dünn ausrollen. Die Teigplatten ganz dünn mit Mehl bestäuben, dann in große Stücke schneiden, diese aufrollen und die Teigröllchen mit einem scharfen Messer in Scheiben von beliebiger Dicke (2 mm für schmale Nudeln, 5 mm für Bandnudeln, 7 mm für extrabreite Nudeln etc.) schneiden. Die Scheiben dann mit den Fingern zu einzelnen Streifen auflockern und diese auf einem bemehlten Küchentuch ausbreiten. Das Küchentuch mit den Nudeln ans Fenster in die Sonne legen und einige Stunden trocknen lassen. Die Nudeln dann in ein Körbchen füllen und bis zur Verwendung trocken aufbewahren.

Tip: Selbstgemachte Nudeln sind eine wahre Delikatesse. Kochen Sie sie in reichlich Salzwasser (pro 100 g Nudeln brauchen Sie 1 Liter Wasser!), dem Sie etwas Öl hinzugeben.

Grüne Dinkelnudeln

50 g Blattspinat
Dinkelnudeln nach Grundrezept (statt Wasser Spinatbrühe verwenden!)
5 l Wasser · Salz
1 EL Sonnenblumenöl · Butter

Den Spinat waschen, verlesen, die Stiele von den Blättern schneiden und die Blätter, knapp mit Wasser bedeckt, 10 Minuten zugedeckt kochen. Auf ein Sieb schütten, gut abtropfen lassen, dann in ein sauberes Baumwolltuch geben und kräftig ausdrücken. Den Spinat im Mixer fein pürieren, dann wieder in das Baumwolltuch geben und das Spinatpüree ausdrücken. Die Flüssigkeit auffangen. Den Nudelteig wie im Rezept auf Seite 144 fertigstellen, statt Wasser jedoch Spinatbrühe verwenden. Die trockenen Nudeln dann wie folgt kochen: Einen großen Topf mit etwa 5 l Salzwasser erhitzen, das Öl und die Nudeln dazugeben und die Nudeln darin je nach Breite 8 bis 12 Minuten bißfest garen. Auf ein Sieb schütten, gut abtropfen lassen, dann mit einer Gabel etwas auflockern und in Butter schwenken. Mit Salz und beliebigen Gewürzen abschmecken.

Tip: Eine schnelle Methode des Färbens ist folgende: 50 g gebrühten Blattspinat in ein Baumwolltuch geben, dieses oben verknoten, auf einen Holzkochlöffel stecken (den Stiel durch den Knoten schieben) und den Holzlöffel quer über den Topf legen, so daß das Tuch mit dem Spinat ins Kochwasser hängt. Die Nudeln zusammen mit dem Öl ins kochende Salzwasser geben und 8 bis 12 Minuten garen. Die Nudeln werden damit auch grün, aber die Farbe ist wesentlich blasser als bei der oben beschriebenen Methode.

Nudeln mit Tomatensauce

FÜR DIE NUDELN:
*400 – 500 g selbstgemachte Dinkelnudeln (Rezept Seite 144)
4 – 5 Liter Wasser · Salz · 1 EL Sonnenblumenöl*
FÜR DIE SAUCE:
*1 kg vollreife Tomaten · 2 Zwiebeln
2 Knoblauchzehen · 30 g Butter · Galgantpulver
Bertrampulver · 1 Msp. Griechenkleemischpulver
½ TL getrocknete Kräuter der Provence
1 Msp. gemahlener Kümmel · 1 TL Zitronensaft
1 TL brauner Zucker · weißer Pfeffer · Salz
100 g Sahne · ½ TL Speisestärke
1 Msp. Instantbrühe zum Abschmecken*

Die Nudeln in kochendes Salzwasser geben, das Öl dazugeben und die Nudeln bei mittlerer Hitze zugedeckt 8 bis 12 Minuten je nach Breite garen. Inzwischen die Tomatensauce herstellen: Die Tomaten oben über Kreuz einritzen, dann in kochendes Wasser legen, 1 Minute ziehen lassen, dann herausnehmen und die Haut mit einem spitzen Messer abziehen. Die Tomaten halbieren, die Stielansätze herausschneiden und das Fruchtinnere mit einem Teelöffel herausschaben. Das Fruchtfleisch kleinschneiden. Die Zwiebeln und Knoblauchzehen abziehen und fein würfeln. Die Butter in einer Kasserolle erhitzen. Die Zwiebeln und den Knoblauch darin glasig dünsten. Die Tomatenwürfel dazugeben und das Ganze mit Galgant, den anderen Gewürzen, Zitronensaft, Zucker, Pfeffer und Salz würzen. Zugedeckt bei schwacher Hitze 10 Minuten durchköcheln lassen. Die Sahne mit der Stärke glattrühren und dazugeben. Die Sauce weitere 2 Minuten köcheln lassen, dann mit den Gewürzen und etwas Instantbrühpulver abrunden.

Nudeln mit Hackfleischsauce

FÜR DIE NUDELN:
400 – 500 g selbstgemachte Dinkelnudeln (Rezept Seite 144)
4 – 5 l Wasser · Salz · 1 EL Sonnenblumenöl · 1 EL Butter

FÜR DIE SAUCE:
1 Zwiebel · 1 Knoblauchzehe · 150 g Karotten
75 g Knollensellerie · 75 g rote Paprikaschote · 2 EL Sonnenblumenöl
350 g Rinder- oder Lammhackfleisch · 2 Zweige Quendel
1 Zweig Basilikum · ½ TL Paprikapulver edelsüß · Galgantpulver
Bertrampulver · Griechenkleemischpulver · weißer Pfeffer
Salz · 50 g Sahne · 1 EL Tomatenmark
150 ml Fleischbrühe (aus Würfeln oder Instantpulver)

Die Nudeln in kochendes Salzwasser geben, das Öl hinzufügen und die Nudeln in 8 bis 12 Minuten – je nach Breite – bißfest garen. Inzwischen die Sauce zubereiten: Die Zwiebel und die Knoblauchzehe abziehen und fein würfeln. Das Gemüse waschen und putzen. Die Karotten und den Sellerie schälen und fein würfeln. Aus der Paprika die Kerne und weißen Innenteile entfernen, das Fruchtfleisch fein würfeln. Das Öl in einem weiten Topf erhitzen, die Zwiebel- und Knoblauchwürfel darin glasig werden lassen, dann das restliche Gemüse dazugeben und unter gelegentlichem Durchrühren andünsten. Das Hackfleisch dazugeben und kräftig anbraten. Die Kräuter waschen, trockentupfen, die Blättchen von den Stielen zupfen, fein wiegen und dazugeben. Die Gewürze und etwas Salz unterrühren und die Sahne hinzugeben. Alles gut durchrühren und bei milder Hitze zugedeckt 10 Minuten leise köcheln lassen. Die Nudeln auf ein Sieb schütten, mit zwei Gabeln etwas auflockern und gut abtropfen lassen. Die Butter in einen Topf geben und schmelzen, die Nudeln darin wenden. Das Tomatenmark und die Fleischbrühe in die Sauce einrühren und nochmals aufkochen lassen. Abschmecken und die Sauce mit den Nudeln anrichten.

Nudeln mit Kräuter-Sahne-Sauce

Für die Nudeln:
400 – 500 g selbstgemachte Dinkelbandnudeln (Rezept Seite 144)
4 – 5 l Wasser · Salz · 1 EL Sonnenblumenöl

Für die Sauce:
1 Bund Kerbel · 1 Zweig Estragon · 2 Zweige Quendel
2 Zweige Gundelrebe · 1 Zweig Liebstöckel
1 Schalotte · 2 Knoblauchzehen · 1 EL Butter
1 EL feines Dinkelmehl · 100 g Sahne · 50 ml trockener Weißwein
200 ml Kalbsbrühe oder andere Brühe (evtl. aus Instantpulver)
Galgantpulver · Bertrampulver
1 Prise geriebene Muskatnuß · Salz

Ausserdem:
2 EL Butter · 2 – 3 EL Semmelbrösel (evtl. von Dinkelbrötchen)

Die Nudeln in kochendes Salzwasser geben, das Öl hinzufügen und die Nudeln in 10 bis 12 Minuten bißfest garen. Die Kräuter waschen, trockentupfen, grobe Stengel entfernen und die Blättchen fein wiegen. Die Schalotte und die Knoblauchzehen abziehen und fein würfeln. Die Butter in einer Kasserolle erhitzen, die Schalotte und den Knoblauch darin glasig werden lassen, dann die Kräuter hinzugeben und kurz mitdünsten. Das Mehl darüberstäuben und hell anschwitzen. Das Ganze mit der Sahne ablöschen und vom Herd nehmen. Mit einem Schneebesen klumpenfrei verrühren, dann wieder zum Kochen bringen und unter Rühren 2 Minuten köcheln lassen. Unter weiterem Rühren den Wein und die Brühe hinzugeben und die Sauce etwa 5 Minuten leise köcheln lassen. Mit den Gewürzen und falls nötig mit etwas Salz abrunden. Die Nudeln auf ein Sieb schütten, kurz abschrecken, mit einer Gabel auflockern, abtropfen lassen. Die Butter in einer beschichteten Pfanne erhitzen, die Semmelbrösel darauf verteilen und kurz anrösten, aber nicht braun werden lassen. Die Nudeln darauf geben, kurz heiß werden lassen, dann locker mischen, so daß die Brösel gleichmäßig in den Nudeln verteilt sind. Die Nudeln mit der Sauce anrichten.

Lasagne mit Pilzen und Mozzarella

FÜR DIE LASAGNEBLÄTTER:
*250 g feines Dinkelmehl · 1 Msp. Salz · 1 EL Sonnenblumenöl
1 frisches Ei (Gewichtsklasse M) · 1 frisches Eigelb
50 ml warmes Wasser · feines Dinkelmehl zum Ausrollen*

FÜR DIE FÜLLUNG:
*500 g Champignons · 2 Zwiebeln · 1 Knoblauchzehe
1 Bund Petersilie · 1 Zweig Quendel · 2 EL Butter · Bertrampulver
weißer Pfeffer · 1 Prise geriebene Muskatnuß · Salz · 250 g Sahne
2 EL Mandelstifte · 250 g Mozzarella (Abtropfgewicht)*

AUSSERDEM:
Butter für die Form

Mehl mit Salz mischen und mit Öl, Ei, Eigelb und Wasser zu einem glatten Teig verkneten. Den Teig zugedeckt 20 Minuten ruhen lassen. Inzwischen die Füllung zubereiten: Pilze waschen, falls nötig putzen, trockentupfen, dann blättrig schneiden. Zwiebeln und Knoblauchzehe abziehen und fein würfeln. Kräuter waschen, trockentupfen und die Blättchen fein wiegen. Butter in einer beschichteten Pfanne erhitzen, Zwiebel- und Knoblauchwürfel darin glasig werden lassen, dann Pilze und Kräuter hinzugeben und andünsten. Würzen und die Hälfte der Sahne dazugießen. Offen 3 Minuten leise köcheln lassen, dann die Mandelstifte untermischen. Den Nudelteig nochmals gut durchkneten, vierteln, die Teigstücke nacheinander auf einer bemehlten Unterlage oder mit einer Nudelmaschine zu dünnen, rechteckigen Platten ausrollen. Backofen auf 220° C vorheizen und eine große viereckige Auflauf- oder Lasagneform mit Butter ausstreichen. Eine Lasagneplatte hineinlegen, darauf etwas Pilzmasse geben. Mozzarella abtropfen lassen und in sehr dünne Scheiben schneiden. Ein paar Scheiben Käse auf die Pilzfüllung geben. Darauf die zweite Teigplatte legen, dann Pilze und Mozzarella. So weiterverfahren, die letzte Schicht besteht aus Nudelteig. Restliche Sahne über die Lasagne gießen und alles im Backofen auf mittlerer Schiene etwa 45 Minuten backen.

Schwäbische Käsespätzle

FÜR DEN SPÄTZLETEIG:
500 g feines Dinkelmehl · Salz
4 frische Eier (Gewichtsklasse M)
375 ml Wasser

AUSSERDEM:
1 EL Butter · 1 Zwiebel
200 g geraspelter Emmentaler oder Bergkäse
1 Msp. grob gemahlener Kümmel

Die Teigzutaten mit den Knethaken eines elektrischen Handrührgerätes zu einem glatten, weichen Teig verkneten und den Teig kurz ruhen lassen. Inzwischen die Butter in einer beschichteten Pfanne erhitzen. Die Zwiebel abziehen und in feine Ringe schneiden. In der Butter goldgelb anrösten. Etwa 5 l Salzwasser zum Kochen bringen. Den Backofen auf 50° C vorheizen. Den Spätzleteig portionsweise mit einem Spätzlehobel ins kochende Salzwasser streichen, etwa 5 Minuten sprudelnd kochen lassen, dann mit einem Schaumlöffel herausnehmen und gut abgetropft in eine hitzefeste Form geben. Zwischen jede Lage Spätzle etwas Käse und Kümmel streuen. Die Käsespätzle im Backofen warm halten. Den Teig in dieser Weise zu Spätzle verarbeiten und diese jedesmal wieder mit etwas Käse in die Form schichten. Die letzte Schicht mit dem restlichen Käse bestreuen, die Hitze für 3 bis 5 Minuten auf 100° C erhöhen, damit alles schön heiß wird und der Käse schmilzt, dann die Käsespätzle mit den gerösteten Zwiebeln belegen und servieren.

Tip: Dazu paßt frischer Kopfsalat.

Schinkennudeln

FÜR DIE NUDELN:
*500 g selbstgemachte Dinkelbandnudeln (Rezept Seite 144)
5 l Wasser · Salz · 1 EL Sonnenblumenöl*
AUSSERDEM:
*300 g Rindersaftschinken oder geräucherte Putenbrust
oder Schinkenreste (roher und gekochter Schinken)
1 Zwiebel · 1 Bund Petersilie
2 EL Butter · Galgantpulver
Bertrampulver · Salz*

Die Nudeln nach dem Grundrezept herstellen und in reichlich kochendes Salzwasser geben. Das Öl hinzufügen und die Nudeln in 10 bis 12 Minuten bißfest garen. Inzwischen den Schinken oder die Putenbrust in feine Streifen schneiden. Die Zwiebel abziehen und fein würfeln. Die Petersilie waschen, die groben Stengel entfernen und die zarten Zweige mit den Blättchen fein wiegen. In einer großen beschichteten Pfanne die Butter erhitzen. Die Zwiebelwürfel darin glasig werden lassen, dann den Schinken bzw. die Putenbruststreifen darin von allen Seiten anbraten. Die Petersilie untermischen und das Ganze mit den Gewürzen mischen. Die Nudeln auf ein Sieb schütten, mit zwei Gabeln auflockern und gut abtropfen lassen. Dann in die Pfanne geben und alles gut vermengen. Mit Salz abschmecken.

Nudeln nach Bauernart

300 g selbstgemachte Dinkelbandnudeln (Rezept Seite 144)
Salz · 1 TL Sonnenblumenöl
1 – 2 EL Butter · 200 g geriebener Bergkäse
3 – 4 frische Eier · 200 ml Milch · Galgantpulver
Bertrampulver · 1 Prise geriebene Muskatnuß
weißer Pfeffer aus der Mühle
2 EL fein gewiegte Petersilie

Die Nudeln in 3 l kochendes Salzwasser geben, das Öl hinzufügen und die Nudeln 10 bis 12 Minuten garen. Auf ein Sieb schütten, abschrecken und gut abtropfen lassen. Eine Auflaufform mit 1 TL Butter ausstreichen und den Backofen auf 180° C vorheizen. Den Käse fein reiben und die Hälfte in eine Schüssel geben. Die warmen Nudeln und die restliche Butter dazugeben und das Ganze vermengen. Dann in die Auflaufform geben. Die Eier in ein Rührgefäß schlagen, mit einem Schneebesen verquirlen, dann die Milch unterrühren und das Ganze mit den Gewürzen und mit Salz würzen. Über die Nudeln gießen, den restlichen Käse darauf verteilen und im Backofen auf mittlerer Einschubleiste 40 Minuten backen. Vor dem Servieren mit der Petersilie bestreuen.

Tip: Dazu paßt frischer Blattsalat.

Variation: Man kann noch gewürfelten Schinken unter die Nudeln mischen. Köstlich schmeckt das Gericht auch mit Hackfleischbällchen, die man zwischen den Nudeln verteilt und mitgart. Man kann das Gericht auch in zwei flache Portionsformen (eine Form reicht für zwei Personen) füllen, dann dauert der Backvorgang etwa 30 Minuten.

Nudelgratin

300 g Dinkelnudeln (Rezept Seite 144)
Salz · 1 EL Sonnenblumenöl
150 g Karotten · 1 große Zwiebel · 2 EL Butter
150 g TK-Erbsen · 200 g geräucherte Putenbrust in dickeren Scheiben
200 g Magerquark · 100 g Crème fraîche
2 frische Eier (Gewichtsklasse M) · Galgantpulver
schwarzer Pfeffer aus der Mühle
1 Zweig Quendel

Die Nudeln in 3 l kochendes Salzwasser geben, das Öl dazugeben und die Nudeln 10 bis 12 Minuten kochen. Inzwischen die Karotten putzen, schälen und fein würfeln. Die Zwiebel abziehen und ebenfalls fein würfeln. Etwa 1 EL Butter erhitzen und die Zwiebel- und Karottenwürfel darin 5 Minuten dünsten. Die Erbsen in kochendes Salzwasser geben und 3 Minuten blanchieren. Auf ein Sieb schütten, abschrecken und abtropfen lassen. Die Putenbrustscheiben in kleine Würfel schneiden. Die Nudeln auf ein Sieb schütten, abschrecken und abtropfen lassen. Eine Auflaufform mit der restlichen Butter ausstreichen und den Backofen auf 180° C vorheizen. Den Quark zusammen mit der Crème fraîche und den Eiern verquirlen, mit Galgant, Pfeffer und Salz kräftig würzen. Den Quendel waschen, trockentupfen, die Blättchen vom Zweig zupfen, wiegen und untermischen. Die Nudeln sowie das Gemüse und den Schinken hinzugeben. Alles gut vermengen, in die Form füllen und im Backofen auf mittlerer Einschubleiste 30 Minuten backen.

Gratinierte Béchamelkartoffeln

1 kg vorwiegend fest kochende Kartoffeln
1 kleine Zwiebel · 2 Knoblauchzehen · 30 g Butter
40 g feines Dinkelmehl
200 g Sahne · 250 ml heiße Brühe
1 Msp. geriebene Muskatnuß
weißer Pfeffer · Galgantpulver · Bertrampulver
Salz · Butter für die Form
150 g geraspelter Emmentaler oder Bergkäse
(oder ein anderer Schnittkäse)

Die Kartoffeln waschen, schälen, nochmals abbrausen, dann in dünne Scheiben hobeln. Die Zwiebel und die Knoblauchzehen abziehen und fein würfeln. Den Backofen auf 180° C vorheizen. Die Butter in einer Kasserolle erhitzen und die Zwiebel- und Knoblauchwürfel darin andünsten. Das Mehl darüberstäuben, hell anschwitzen, dann den Topf vom Herd nehmen und das Ganze mit der Sahne ablöschen. Mit einem Schneebesen glattrühren, wieder erhitzen und unter Rühren aufkochen lassen. Die Brühe hinzugeben und das Ganze offen 5 Minuten leise köcheln lassen. Die Sauce mit den Gewürzen und mit etwas Salz abschmecken. Eine hitzefeste Form mit Butter ausstreichen, die Kartoffelscheiben schräg einschichten, darüber die Sauce gießen und im Backofen auf mittlerer Einschubleiste 25 Minuten backen. Dann den Käse darauf verteilen und die Kartoffeln weitere 15 Minuten backen, bis sich eine knusprige Kruste gebildet hat. Die Kartoffeln sofort servieren.

Tip: Dazu passen kurzgebratenes Fleisch und frischer Salat.

Gefüllte Kartoffeln

FÜR DIE KARTOFFELN:
8 mittelgroße Kartoffeln (vorwiegend fest kochende Sorte)
30 g Butter · Kümmel · Salz

FÜR DIE FÜLLUNG:
250 g Speisequark (20 % F. i. Tr.) · 150 g saure Sahne (10 % Fett)
weißer Pfeffer · Bertrampulver · Galgantpulver · Salz
1 Frühlingszwiebel · 1 Bund Schnittlauch · 1 Bund Dill
etwas Quendel

Kartoffeln waschen, gut abbürsten und knapp mit Salzwasser bedeckt im geschlossenen Topf bei mittlerer Hitze etwa 25 Minuten kochen. Inzwischen die Füllung zubereiten: Quark mit der sauren Sahne glattrühren, kräftig würzen. Frühlingszwiebel und Kräuter waschen und abtupfen. Von der Frühlingszwiebel das obere Drittel der Halme abschneiden, die restlichen Halme in Ringe schneiden, beiseite stellen. Zwiebel fein würfeln. Schnittlauch in Röllchen schneiden. Vom Dill die groben Stengel entfernen, die zarten Zweige mit den Fähnchen fein wiegen. Quendelblättchen ebenfalls fein wiegen. Zwiebelwürfel, Schnittlauch, Dill und Quendel unter die Quarkmasse mischen. Kartoffeln abgießen, abschrecken, abtropfen lassen und über Kreuz einschneiden. Aufbrechen, auf das Kartoffelinnere etwas Butter, Kümmel und Salz streuen und die Kartoffeln auf vier Teller verteilen. Quark mit den kleingeschnittenen Zwiebeln bestreuen und dazu servieren.

Tip: Besonders köstlich schmecken die Kartoffeln, wenn man sie in Alufolie wickelt und in der Glut eines Lagerfeuers oder eines Holzkohlengrills gart.

Variation: Bereiten Sie den Quark auch mit anderen Kräutern (Petersilie, Kerbel, Kresse etc.) oder mit Zwiebeln und Kümmel zu. Sehr gut schmeckt auch ein Dip aus Crème fraîche, der allerdings recht fettreich ist (Crème fraîche hat mindestens 30 % Fett).

Berner Rösti

*1 kg Kartoffeln (fest kochende Sorte)
1 Zwiebel · 4 – 5 EL Sonnenblumenöl
1 Msp. grob gemahlener Kümmel
weißer Pfeffer aus der Mühle · Galgantpulver
1 Prise geriebene Muskatnuß · Salz*

Kartoffeln waschen, schälen und auf einer Rohkostreibe grob raspeln oder raffeln. Die Kartoffelraspel in ein sauberes Küchentuch geben und darin ausdrücken. Die Zwiebel abziehen und fein würfeln. In einer beschichteten Pfanne etwas Öl erhitzen, die Kartoffelraspel mit den Zwiebelwürfelchen mischen und die Masse in der Pfanne ausbreiten. Mit den Gewürzen und etwas Salz bestreuen. Die Unterseite gut anbacken lassen, dann die Rösti vorsichtig wenden, dabei wieder etwas Öl in die Pfanne geben. Die Rösti insgesamt etwa 20 Minuten von allen Seiten braten.

Tip: Dazu ißt man in der Schweiz Züricher Geschnetzeltes (aus Kalbfleisch) und frischen Blattsalat.

Variation: Man kann noch Schinkenwürfel oder geraspelten Bergkäse und Kräuter unter die Rösti mischen. Salzen Sie dann vorsichtig, denn Schinken und Käse bringen viel Würze und vor allem viel Salz in das Gericht.

Kartoffelauflauf mit Käsekruste

*1 kg Kartoffeln (fest kochende Sorte)
Salz · 1 TL Butter · 1 Knoblauchzehe
Bertrampulver · weißer Pfeffer
3 frische Eier (Gewichtsklasse M)
250 g Sahne · geriebene Muskatnuß
200 g Edamer am Stück*

Die Kartoffeln waschen, schälen und in dünne Scheiben schneiden. Dann in reichlich kochendes Salzwasser geben und 2 Minuten blanchieren. Auf ein Sieb schütten, abschrecken, gut abtropfen lassen, dann mit Küchenkrepp vorsichtig trockentupfen. Eine Auflaufform mit der Butter ausstreichen und den Backofen auf 220° C vorheizen. Die Knoblauchzehe abziehen und halbieren. Mit der Schnittfläche die Auflaufform ausreiben, dann die Kartoffelscheiben dachziegelartig in die Form schichten, dabei mit Bertram, Pfeffer und Salz würzen. Die Eier in ein Rührgefäß schlagen, mit einem Schneebesen gut verquirlen, die Sahne darunterrühren und den Rest der Knoblauchzehe durch eine Presse dazudrücken. Das Ganze mit Pfeffer, Muskat und Salz würzen und über die Kartoffeln gießen. Den Käse in feine Stifte schneiden, darüberstreuen und das Ganze im Backofen auf mittlerer Einschubleiste etwa 30 Minuten backen.

Tip: Dazu passen gemischter Blattsalat und gebratene Medaillons vom Rind oder Kalb.

Kichererbsengratin mit Fenchel

200 g Kichererbsen (Trockengewicht)
500 ml Fleisch- oder Gemüsebrühe (aus Würfeln oder Instantpulver)
400 g Fenchelknollen · 2 EL Butter
Gelbwurzpulver · 1 TL Kümmel · 2 Safranfäden
1 Msp. gemahlener Koriander
1 Prise geriebene Muskatnuß · 1 Prise Galgantpulver
1 Msp. Bertrampulver · 1 Msp. Zimtpulver
Salz · 2 frische Eier (Gewichtsklasse M)
100 g Crème fraîche · 100 g Mozzarella

Die Kichererbsen über Nacht in reichlich Wasser einweichen. Am nächsten Tag das Wasser abgießen und die Kichererbsen zusammen mit der Brühe in einen Topf geben. Bei schwacher Hitze etwa 1 Stunde zugedeckt garen. Den Fenchel waschen, putzen, die Stiele mit dem Grün abschneiden und fein wiegen, die Knollen in Streifen schneiden. Eine Auflauf- oder Gratinform mit etwas Butter ausstreichen und den Backofen auf 200° C vorheizen. Die restliche Butter in einem Topf erhitzen, die Fenchelstreifen und die Stiele mit dem Grün dazugeben und unter gelegentlichem Durchrühren andünsten. Die Kichererbsen auf ein Sieb schütten, gut abtropfen lassen und zum Fenchel geben. Alles gut vermengen, dann die Gewürze hinzufügen, untermischen und das Ganze mit Salz abschmecken. Die Eier in ein Rührgefäß schlagen, mit einem Schneebesen gut verquirlen, dann die Crème fraîche unterrühren und das Ganze leicht salzen. Den Mozzarella zunächst in Scheiben, dann in Würfel schneiden und unter die Eiermasse mischen. Die Mischung unter das Gemüse mengen und das Ganze in die Form füllen. Im Backofen auf mittlerer Einschubleiste etwa 35 bis 40 Minuten backen.

Tip: Dazu paßt grüner Salat.

Gebratener Sellerie

1 kg Knollensellerie (geputzt)
Salz · Saft von ½ Zitrone · 50 g feines Dinkelmehl
2 frische Eier (Gewichtsklasse S)
weißer Pfeffer · 1 Prise grob gemahlener Kümmel
1 Prise Bertrampulver · 1 Prise geriebene Muskatnuß
2 EL fein gewiegte Petersilie
Semmelbrösel (möglichst von Dinkelbrötchen)
Butterschmalz zum Braten

Den Sellerie waschen, putzen, sorgfältig schälen, dann die Knollen quer in 1 cm dicke Scheiben schneiden. Reichlich Salzwasser mit dem Zitronensaft aufkochen und die Selleriescheiben darin 7 bis 10 Minuten garen. Mit einem Schaumlöffel herausnehmen und gut abtropfen lassen. Dann in dem Mehl wenden. Die Eier in eine flache Schale schlagen, verquirlen und mit den Gewürzen und etwas Salz verrühren. Die Semmelbrösel in eine zweite flache Schale oder in einen tiefen Teller geben. Die Selleriescheiben nacheinander in der Eiermasse und in den Bröseln wälzen. Butterschmalz in einer beschichteten Pfanne erhitzen und die Selleriescheiben darin nacheinander goldbraun herausbacken. Petersilie darüberstreuen und heiß servieren.

Tip: Dazu paßt Kartoffelpüree.

Variation: Statt Sellerie kann man in der gleichen Weise auch Kohlrabischeiben braten.

Glasierte Edelkastanien

600 g Edelkastanien
Salz · 2 EL Butter · Galgantpulver
weißer Pfeffer · 1 EL brauner Zucker oder Honig
1 EL gewiegte Quendelblättchen

Die Kastanien oben über Kreuz einritzen, auf ein Backblech geben und bei 200° C etwa 10 Minuten rösten, bis sie aufplatzen. Sofort mit einem spitzen Messer schälen, dabei auch das Häutchen unter der Schale mit abziehen. Etwa 1 l Salzwasser aufkochen, die Kastanien dazugeben und etwa 10 Minuten kochen. Mit einer Schaumkelle herausnehmen und auf Küchenkrepp abtropfen lassen. In einer beschichteten Pfanne die Butter erhitzen. Die Kastanien dazugeben, mit Galgant, Pfeffer und Salz würzen, rundherum anbraten, dann den Zucker oder Honig darübergeben und die Kastanien ständig wenden, bis sie rundherum mit der Masse überzogen sind und glänzen. Zum Schluß den Quendel daruntermischen.

Tip: Diese Gemüsebeilage paßt zu Lamm, Geflügel und ganz besonders zu Wild.

Gratinierter Kürbis

1 kg Kürbis (Fruchtfleisch)
Salz · 2 EL Butter
Bertrampulver · Galgantpulver
weißer Pfeffer · geriebene Muskatnuß
1 Msp. brauner Zucker
100 g Crème fraîche
1 frisches Ei (Gewichtsklasse M)
100 g geriebener Emmentaler
2 EL Semmelbrösel

Den Kürbis schälen, die Kerne entfernen und das Fruchtfleisch in mundgerechte Stücke schneiden, dann salzen. Die Butter in einem Topf erhitzen, die Kürbisstücke darin von allen Seiten anbraten, dann mit den Gewürzen bestreuen. Das Ganze in eine hitzefeste Form geben. Den Backofen auf 200° C vorheizen. Die Crème fraîche mit dem Ei verquirlen, die Hälfte des Käses und jeweils eine Prise der Gewürze unterrühren, das Ganze auf die Kürbisstücke geben. Die Semmelbrösel und den restlichen Käse darüberstreuen. Den Kürbis im Backofen auf mittlerer Einschubleiste etwa 20 bis 30 Minuten überbacken.

Gemüsegratin mit Käsekruste

500 g Kartoffeln (vorwiegend fest kochende Sorte)
½ l Fleischbrühe (aus Würfeln oder Instantpulver) · 250 g zarte Zucchini
1 kleine Aubergine (ca. 250 g) · 250 g Tomaten
1 Dose Kichererbsen (425 ml-Dose, 300 g Abtropfgewicht)
50 g Schalotten · 2 EL Butter · 125 g Sahne · weißer Pfeffer
¼ TL getrockneter Rosmarin · ¼ TL getrocknetes Basilikum
½ Bund Petersilie · 1 – 2 Zweige frische Minze
200 g Edamer (40 % F. i. Tr.)

Die Kartoffeln waschen, schälen und in Scheiben schneiden. Die Fleischbrühe aufkochen und die Kartoffelscheiben darin 5 Minuten garen. Dann mit einer Schaumkelle herausnehmen und auf ein Sieb geben. Die Zucchini und die Aubergine waschen, mit Küchenkrepp abtrocknen, die Enden abschneiden und das Gemüse in Scheiben schneiden. Die Tomaten waschen, abtrocknen, mit einem spitzen Messer jeweils den Stielansatz herausschneiden, dann die Tomaten in Scheiben schneiden. Die Kichererbsen auf ein Sieb schütten und gut abtropfen lassen. Den Backofen auf 180° C vorheizen. Die Schalotten abziehen und fein würfeln. Eine Gratinform mit 1 TL Butter ausstreichen, die restliche Butter in einem Topf erhitzen und die Schalottenwürfel darin goldgelb dünsten. Die Sahne dazugießen und das Ganze mit Pfeffer, Rosmarin und Basilkum verrühren und die Flüssigkeit etwas einkochen lassen. Die Petersilie und die Minze waschen und mit Küchenkrepp trockentupfen. Von der Petersilie die groben Stengel entfernen und die zarten Stiele mit den Blättchen fein wiegen. Die Minzeblättchen von den Stielen zupfen und ebenfalls fein wiegen. Die Kräuter zur Sauce geben. Kartoffeln, Zucchini, Auberginen, Tomaten und Kichererbsen in die Form einschichten. Den Käse in feine Stifte schneiden, die Hälfte zwischen die einzelnen Schichten streuen und die Sauce darüber verteilen. Die restlichen Käsestifte darauf streuen und das Ganze im Backofen auf mittlerer Einschubleiste etwa 45 Minuten backen.

Zucchinigratin mit Feta

*1 kg zarte Zucchini · 600 g Fleischtomaten
5 EL Sonnenblumenöl · weißer Pfeffer
Salz ·1 große Gemüsezwiebel (ca. 350 g)
2 TL getrocknete Kräuter der Provence · Galgantpulver
Bertrampulver · 200 g Kuhmilchfeta am Stück*

Die Zucchini und die Tomaten waschen und abtrocknen. Von den Zucchini die Enden knapp abschneiden, dann das Gemüse in dünne Scheiben schneiden. Die Tomaten oben über Kreuz einritzen, mit kochendheißem Wasser überbrühen und die Haut mit einem spitzen Messer abziehen. Die Stielansätze entfernen und die Tomaten in Stücke schneiden. In einer beschichteten Pfanne 2 EL Öl erhitzen, die Zucchini darin von beiden Seiten 15 Minuten bei milder Hitze braten, dann mit Pfeffer und Salz würzen und in eine Gratinform schichten. Die Gemüsezwiebel abziehen und in Scheiben oder Würfel schneiden. Den Backofen auf 180° C vorheizen. Weitere 2 EL Öl in die Pfanne geben und die Zwiebel hineingeben. Die getrockneten Kräuter untermischen und die Zwiebeln glasig dünsten. Die Tomatenstücke dazugeben, und das Ganze offen dünsten, bis fast die ganze Flüssigkeit verdampft ist. Die Tomaten-Zwiebel-Mischung mit Pfeffer, Galgant, Bertram und Salz würzen und auf den Zucchini verteilen. Den Feta in Scheiben schneiden und auf das Gemüse legen. Das Ganze im Backofen auf mittlerer Einschubleiste etwa 20 Minuten backen.

Tip: Dazu paßt frisches Baguette mit Knoblauchbutter.

Fenchel in Kräutersauce

*800 g Fenchelknollen mit Grün · Salz
2 EL Butter · 50 g feines Dinkelmehl
200 g Sahne · 200 ml Gemüsebrühe (aus Instantpulver)
1 Bund Kerbel · 1 Bund Schnittlauch
1 Zweig Gundelrebe · Galgantpulver
Bertrampulver · 1 Prise geriebene Muskatnuß
1 Spritzer Zitronensaft
weißer Pfeffer*

Den Fenchel waschen, putzen, die Stiele mit dem Grün abschneiden und fein wiegen. Die Knollen der Länge nach in dicke Scheiben schneiden. Reichlich Salzwasser aufkochen und die Fenchelscheiben darin 3 Minuten blanchieren. Mit einer Schaumkelle herausnehmen und gut abtropfen lassen. Die Butter in einem Topf erhitzen, das Mehl hineinstreuen und unter Rühren hell anschwitzen. Den Topf vom Herd nehmen und die Sahne zugeben. Unter Rühren aufkochen lassen. Sobald ein dicker Brei entstanden ist, die Brühe unter ständigem Rühren dazugießen. Das Ganze unter Rühren 5 Minuten köcheln lassen. Inzwischen den Backofen auf 180° C vorheizen, die Kräuter waschen, mit Küchenkrepp trockentupfen, dann fein wiegen und zusammen mit den Gewürzen und dem Zitronensaft zur Sauce geben. Die Sauce kurz durchköcheln lassen, dann mit Salz abschmecken. Den Fenchel in eine hitzefeste Form geben, die Sauce darübergießen und das Gemüse zugedeckt auf mittlerer Einschubleiste 20 Minuten garen.

Tip: Dazu passen Berner Rösti, Bratkartoffeln oder auch Dinkelbratlinge.

Kichererbsen-Gemüse-Bratlinge

500 g Kichererbsen (Trockengewicht)
Salz · 1 kleine Zwiebel · 2 Knoblauchzehen
Galgantpulver · Bertrampulver
gemahlener Kümmel · weißer Pfeffer aus der Mühle
1 Prise geriebene Muskatnuß · 1 Bund glatte Petersilie
100 g Karotten · 100 g Zucchini
2 frische Eier (Gewichtsklasse M)
Dinkelsemmelbrösel
Sonnenblumen- oder Sojaöl zum Backen

Die Kichererbsen über Nacht in reichlich Salzwasser einweichen. Am nächsten Tag das Wasser abgießen und die Kichererbsen in 750 ml frischem Wasser im Dampfdrucktopf etwa 25 bis 30 Minuten garen. Die Kichererbsen dann abgießen und in eine Schüssel geben. Die Zwiebel und die Knoblauchzehen abziehen und würfeln. Zu den Kichererbsen geben und das Ganze mit einem Passierstab grob pürieren. Die Masse mit den Gewürzen verrühren und salzen. Die Petersilie waschen, trockentupfen und die zarten Zweige mit den Blättchen fein wiegen. Unter das Kichererbsenpüree mischen. Das Gemüse waschen und putzen. Die Karotten schälen. Das Gemüse auf einer Rohkostreibe grob raspeln, dann unter die Kichererbsenmasse mischen. Die Eier darunterrühren und so viele Semmelbrösel untermischen, bis ein formbarer Teig entsteht. In einer beschichteten Pfanne etwas Öl erhitzen. Aus dem Teig Bratlinge formen und nacheinander im Öl goldbraun herausbracken. Zwischendurch immer wieder etwas Öl in die Pfanne geben.

Tip: Dazu paßt eine Kräutersauce aus saurer Sahne oder Crème fraîche und frischer Blattsalat.

Lammkoteletts mit Bohnengemüse

FÜR DAS BOHNENGEMÜSE:
*800 g junge grüne Bohnen · Salz
2 Knoblauchzehen · 1 kleine Zwiebel
2 Zweige Bohnenkraut · 30 g Butter
weißer Pfeffer aus der Mühle*

FÜR DIE LAMMKOTELETTS:
*8 große oder 12 kleine Lammkoteletts
(ca. 600 g Fleischgewicht ohne Knochen)
schwarzer Pfeffer aus der Mühle · Bertrampulver
getrockneter Estragon · getrockneter Rosmarin
getrockneter Thymian oder Quendel
Salz · 40 – 50 g Butterschmalz*

Die Bohnen waschen, putzen, die Enden knapp abschneiden und die Bohnen in kochendes Salzwasser geben. 10 Minuten kochen, dann auf ein Sieb schütten und abschrecken. Gut abtropfen lassen. Die Knoblauchzehen und die Zwiebel abziehen und fein würfeln. Das Bohnenkraut waschen, mit Küchenkrepp abtupfen, die Blättchen von den Stielen zupfen und grob wiegen. Die Butter in einem weiten Topf erhitzen, die Knoblauch- und Zwiebelwürfel darin glasig werden lassen, dann die Bohnen und das Bohnenkraut zufügen. In der Butter schwenken und zugedeckt etwa 7 Minuten bei milder Hitze dünsten. Mit Pfeffer und Salz würzen und bis zum Servieren warm halten. Die Lammkoteletts kalt abspülen, mit Küchenkrepp trockentupfen und von beiden Seiten jeweils mit den Gewürzen und etwas Salz bestreuen. In einer großen beschichteten Pfanne das Butterschmalz erhitzen. Die Koteletts nacheinander darin scharf anbraten, dann bei milder Hitze auf jeder Seite noch 3 bis 4 Minuten weiterbraten. Die Lammkoteletts mit dem Bohnengemüse anrichten.

Tip: Dazu paßt Kartoffelpüree oder Fladenbrot.

Kalbsröllchen auf Mangold

FÜR DIE KALBSRÖLLCHEN:
4 dünne Kalbsschnitzel (à ca. 150 g) · weißer Pfeffer
Salz · 150 g Crème fraîche
125 g geriebener Hartkäse (z. B. Emmentaler, Grana Padano, Parmesan)
2 Zweige Quendel · 2 Zweige Basilikum · 1 kleiner Zweig Estragon
50 g gewiegte Pistazien · 40 g Butterschmalz

FÜR DAS MANGOLDGEMÜSE:
1 kg Mangold · 30 g Butter
weißer Pfeffer aus der Mühle · 1 Msp. grob gemahlener Koriander
1 Msp. grob gemahlener Kümmel · Salz

Die Kalbsschnitzel mit der Faust leicht klopfen, dann mit Pfeffer und Salz würzen. Die Crème fraîche mit der Hälfte des Käses verrühren. Die Kräuter waschen, mit Küchenkrepp trockentupfen, die Blättchen von den Zweigen zupfen, fein wiegen und zusammen mit den Pistazien unter die Crème fraîche rühren. Die Masse auf die Kalbsschnitzel streichen, das Fleisch aufrollen und jeweils mit einem Spießchen feststecken. In einer beschichteten Pfanne das Butterschmalz erhitzen. Die Kalbsröllchen von allen Seiten darin schön braun braten, dann die Hitze reduzieren und das Fleisch bei milder Hitze zugedeckt noch 5 Minuten unter gelegentlichem Wenden schmoren. Dann bis zum Servieren warmstellen. Den Mangold in einzelne Blätter pflücken. Diese waschen, trockenschleudern und die innerste Rippe jedes Blattes herausschneiden und in feine Streifen schneiden. Reichlich Wasser aufkochen und die Mangoldblätter sowie die kleingeschnittenen Blattrippen darin zugedeckt etwa 8 Minuten garen. Auf ein Sieb schütten und gut abtropfen lassen. Die Butter in einem Topf erhitzen. Den Mangold darin andünsten, mit den Gewürzen und mit Salz mischen und unter Rühren 3 Minuten dünsten. Das Gemüse abschmecken und mit den Kalbsröllchen servieren.

Tip: Dazu paßt Dinkelreis oder Naturreis mit Curry.

Züricher Geschnetzeltes

600 g mageres Kalbfleisch aus der Oberschale oder Kugel
1 große Zwiebel · 40 – 50 g Butterschmalz
weißer Pfeffer aus der Mühle · Bertrampulver · Salz
2 EL feines Dinkelmehl · 125 ml Fleisch- oder Kalbsbrühe
125 ml trockener Weißwein · 250 g frische Champignons
20 g Butter · 125 g Sahne · 1 EL fein gewiegte Petersilie
1 Prise Paprikapulver edelsüß

Das Fleisch kalt abspülen, sorgfältig trockentupfen, dann in Scheiben und diese in feine Streifen schneiden. Die Zwiebel abziehen und fein würfeln. Das Butterschmalz in einem großen Bräter erhitzen und das Fleisch darin von allen Seiten scharf anbraten. Mit Pfeffer, Bertram und Salz würzen. Die Zwiebelwürfel dazugeben und unter gelegentlichem Wenden glasig dünsten. Das Mehl darüberstäuben und untermischen. Unter ständigem Rühren die Brühe dazugeben, das Ganze aufkochen lassen, dann den Wein hinzugeben und das Geschnetzelte 10 Minuten offen bei milder Hitze köcheln lassen. Die Champignons waschen, falls nötig putzen, dann blättrig schneiden. Die Butter in einer beschichteten Pfanne erhitzen und die Pilze darin anbraten. Zum Fleisch geben, kurz mitköcheln lassen, dann das Ganze mit den Gewürzen und evtl. noch etwas Salz abschmecken. In einer vorgewärmten Schüssel anrichten und mit Petersilie und etwas Paprikapulver bestreuen.

Tip: Dazu passen Rösti und Blattsalat.

Lammcurry

750 g ausgelöste Lammschulter
50 g feines Dinkelmehl · 50 g Butterschmalz
1 EL mildes Currypulver · weißer Pfeffer
Galgantpulver · Bertrampulver
Griechenkleemischpulver · 1 Msp. brauner Zucker
Salz · 250 ml Fleischbrühe · 2 Zwiebeln
1 Apfel · 1 Stück Knollensellerie · 150 g Fenchel
100 g Sahne · etwas Zitronensaft

Das Fleisch kalt abspülen, mit Küchenkrepp trockentupfen und das Fleisch in Würfel mit 3 cm Kantenlänge schneiden. In dem Dinkelmehl wenden. Das Butterschmalz in einem weiten Topf erhitzen und die Fleischwürfel darin 5 Minuten von allen Seiten braun anbraten. Mit Curry, den anderen Gewürzen, Zucker und Salz würzen, dann die Fleischbrühe angießen und das Ganze unter Rühren aufkochen. Die Zwiebeln abziehen und würfeln. Den Apfel schälen, vierteln, das Kerngehäuse entfernen und die Apfelviertel in feine Scheiben schneiden. Zusammen mit den Zwiebeln unter das Fleisch mischen. Das Gemüse waschen und putzen. Den Sellerie schälen und fein würfeln, den Fenchel in Streifen schneiden. Beides zum Fleisch geben und das Ganze im geschlossenen Topf 1 Stunde schmoren. Dann die Sahne unterrühren und das Curry nochmals aufkochen lassen. Mit Zitronensaft abschmecken.

Tip: Dazu passen Dinkelreis oder Reis, der mit Griechenkleemischpulver oder Curry und mit Knoblauch gewürzt wird, und Mangold- oder Tomatengemüse.

Rindergeschnetzeltes

500 g Rindfleisch (z. B. Bug, Roastbeef, Kugel)
2 Zwiebeln · 2 Knoblauchzehen
40 g Butterschmalz · schwarzer Pfeffer aus der Mühle
1 Msp. grob gemahlener Kümmel · Bertrampulver
Galgantpulver · Salz · 100 ml trockener Rotwein
1 TL Tomatenmark · 200 ml Fleischbrühe
1 Gewürznelke · 1 kleines Lorbeerblatt
3 Wacholderbeeren · 1 Msp. brauner Zucker
100 g Sahne · 1 EL feines Dinkelmehl

Das Fleisch kalt abspülen, sorgfältig trockentupfen, zunächst in Scheiben, dann in Streifen schneiden. Die Zwiebeln und die Knoblauchzehen abziehen. Die Zwiebel in dünne Scheiben, den Knoblauch in Würfelchen schneiden. In einem Bräter das Butterschmalz erhitzen. Das Fleisch darin von allen Seiten scharf anbraten, dann die Zwiebeln und den Knoblauch dazugeben und unter gelegentlichem Durchrühren bräunen. Das Ganze mit Pfeffer, den anderen Gewürzen und mit Salz würzen. Den Rotwein dazugießen, das Ganze aufkochen lassen, dann das Tomatenmark unterrühren und die Hälfte der Brühe dazugießen. Die Nelke, das Lorbeerblatt und die Wacholderbeeren dazugeben. Etwas Zucker unterrühren und alles zugedeckt bei milder Hitze 40 Minuten schmoren lassen. Zwischendurch umrühren und die restliche Brühe dazugeben. Die Nelke, das Lorbeerblatt und die Wacholderbeeren herausnehmen, die Sahne mit dem Mehl glattrühren und untermengen. Das Ganze noch 5 Minuten leise köcheln lassen, dann abschmecken.

Tip: Dazu passen Nudeln und Zucchinigemüse.

Rinderrouladen mit Gemüsefüllung

*250 g Karotten · 100 g Sellerieknolle
1 Knoblauchzehe · 2 Zweige Quendel · 2 EL gewiegte Petersilie
1 EL mittelscharfer Senf · 4 Rinderrouladen (ca. 500 bis 600 g)
weißer Pfeffer aus der Mühle · Bertrampulver
Griechenkleemischpulver · etwas grob gemahlener Kümmel
1 Zwiebel · 40 – 50 g Butterschmalz · 100 ml trockener Rotwein
200 ml Fleischbrühe (aus Instantpulver) · 1 Lorbeerblatt
2 Wacholderbeeren · 2 EL saure Sahne (10 % Fett)
1 EL feines Dinkelmehl*

Karotten und Sellerie waschen, putzen, schälen, fein raspeln, würfeln, dann in eine Schüssel geben. Knoblauch abziehen und durch eine Presse dazudrücken. Quendel waschen, trockentupfen, Blättchen vom Stengel zupfen und hinzugeben. Petersilie und Senf untermischen. Rouladen auf einem Arbeitsbrett ausbreiten, würzen und etwas salzen, dann die Gemüsepaste darauf streichen. Die restliche Paste beiseite stellen. Rouladen von einer Schmalseite aus aufrollen, dabei die Ränder leicht einschlagen, dann das Ende mit jeweils einer Rouladennadel feststecken. Zwiebel abziehen und fein würfeln. Butterschmalz in einem Bräter erhitzen, die Rouladen darin von allen Seiten scharf anbraten, bis sie rundherum braun sind. Die Zwiebel dazugeben und leicht bräunen. Mit Rotwein ablöschen und den Bratensatz vom Topfboden loskochen. Brühe, Lorbeerblatt und Wacholderbeeren hinzugeben und zunächst offen 10 Minuten köcheln lassen. Dann im geschlossenen Topf bei mittlerer Hitze 25 Minuten schmoren. Restliche Gemüsepaste unter die Saucenflüssigkeit rühren und weitere 25 Minuten schmoren. Rouladen herausnehmen und warm stellen. Die Saucenflüssigkeit durch ein Haarsieb gießen, gut durchstreichen, dann wieder in den Bräter geben. Flüssigkeit zum Kochen bringen. Saure Sahne mit dem Mehl glattrühren und in die Flüssigkeit einrühren. 5 Minuten leise köcheln lassen, dann abschmecken. Die Rouladen wieder in die Sauce legen und nochmals kurz erhitzen.

Hackbraten mit Pilzragout

FÜR DEN HACKBRATEN:
*350 g Rinderhack · 350 g Lammhackfleisch (aus der Keule)
100 g gekochte Dinkelkörner (Dinkelreis)
2 frische Eier (Gewichtsklasse M) · 1 altbackene Dinkelsemmel
1 Zwiebel · 2 Knoblauchzehen · 1 EL süßer Senf · weißer Pfeffer
Galgantpulver · Bertrampulver · 1 Msp. grob gemahlener Kreuzkümmel
(Mutterkümmel) · Salz · 2 Zweige Quendel
1 Msp. getrockneter Rosmarin · ½ TL getrockneter Majoran
Dinkelsemmelbrösel zum Verkneten und für die Form · 1 EL Butter*

FÜR DAS PILZRAGOUT:
*300 g frische Champignons (oder andere Pilze, auch gemischt)
1 Zwiebel · 200 g Sellerieknolle · 30 g Butter · 25 g feines Dinkelmehl
200 ml Fleisch- oder Gemüsebrühe (aus Instantpulver) · 50 g Sahne
weißer Pfeffer · 1 Prise geriebene Muskatnuß
1 Spritzer Zitronensaft · Salz · 2 EL fein gewiegter Kerbel*

Hackfleisch mit Dinkel in eine Schüssel geben. Eier daruntermischen und alles gut verkneten. Semmel in warmem Wasser einweichen und Backofen auf 180° C vorheizen. Zwiebel und Knoblauchzehen abziehen. Zwiebel fein würfeln und zum Hackfleisch geben, Knoblauch durch eine Presse dazudrücken. Senf, Pfeffer, die anderen Gewürze und etwas Salz dazugeben und alles sehr gut durchkneten. Die Semmel gut ausdrücken, ebenfalls unterkneten. Quendel waschen, trockentupfen, Blättchen wiegen und mit den getrockneten Kräutern unter den Teig mengen. So viele Dinkelbrösel unter den Teig mischen, daß er gut formbar, aber dennoch weich ist. Eine Kastenform mit Butter ausstreichen und mit Semmelbröseln ausstreuen. Fleischteig hineinfüllen, glattdrücken und im Backofen auf mittlerer Schiene etwa 50 Minuten backen. Inzwischen das Pilzragout herstellen: Pilze waschen, trockentupfen, falls nötig putzen, dann in mundgerechte Stücke schneiden. Zwiebel abziehen und fein würfeln. Sellerie waschen, schälen und würfeln. Butter in einem Topf erhitzen, Zwiebelwürfel darin glasig werden lassen, dann den Sellerie dazugeben und einige Minuten mitdünsten, Pilze untermischen und das Ganze offen etwa 5 Minuten dünsten. Mit Mehl überstäuben, dann das Gemüse wenden, kurz anschwitzen, aber nicht bräunen. Brühe dazugeben, aufkochen, Sahne unterrühren und das Ragout offen 5 bis 10 Minuten köcheln lassen. Würzen, mit Zitronensaft abschmecken und mit Kerbel bestreuen. Hackbraten auf eine Platte stürzen, in Scheiben schneiden und mit dem Pilzragout anrichten.

Tip: Dazu passen Dinkelnudeln und Salat.

Putenschnitzel mit Zucchinigemüse

*4 Putenschnitzel · weißer Pfeffer · Bertrampulver
Griechenkleemischpulver (Bockshornklee) · Salz · 10 Schalotten
2 Zweige Estragon · 60 g Butter · 100 g Sahne
1 TL Gemüsebrühe (Instantpulver) · 800 g zarte Zucchini
2 EL Zitronensaft · 1 Bund Dill*

Putenschnitzel leicht klopfen, dann würzen und salzen. Schalotten abziehen und der Länge nach halbieren. Estragon waschen, trockentupfen, die Blättchen von den Stielen zupfen und grob wiegen. Etwa 40 g Butter in einer beschichteten Pfanne erhitzen, die Putenschnitzel nacheinander hineingeben und auf einer Seite 3 bis 4 Minuten bei mittlerer Hitze braten. Dann wenden und die Schalottenhälften sowie den Estragon dazugeben. Weitere 4 bis 5 Minuten braten. Sahne und Instantbrühe einrühren, die Sauce aufkochen lassen, dann zugedeckt bei kleinster Hitze warm halten. Zucchini waschen, trockentupfen, die Enden knapp abschneiden und das Gemüse in 2 mm dicke Scheiben hobeln. Restliche Butter in einem Topf erhitzen und die Zucchinischeiben darin unter gelegentlichem Wenden 5 Minuten andünsten. Mit Pfeffer, Salz und Zitronensaft würzen. Dill waschen, trockentupfen, die groben Stengel entfernen und die zarten Zweige fein wiegen. Unter die Zucchini mischen und das Gemüse mit den Putenschnitzeln und der Estragonsauce servieren.

Hirschsteaks mit Sauerkirsch-Preiselbeer-Sauce

4 Hirschsteaks, gut abgehangen (à ca. 150 g)
schwarzer Pfeffer aus der Mühle · Salz · 50 g Butterschmalz
3 Schalotten · 3 EL Sauerkirsch- oder Wildkirschkonfitüre
2 EL Preiselbeeren aus dem Glas
200 ml Brühe (evtl. Wildfond aus dem Glas) · 1 Prise Zimtpulver
1 Prise Gewürznelkenpulver
1 Prise grob gemahlener Kreuzkümmel (Mutterkümmel)
2 zerdrückte Wacholderbeeren · 1 Zweig Quendel oder Thymian
Bertrampulver · Galgantpulver · 75 bis 100 g Sahne
1 – 2 TL feines Dinkelmehl

Backofen auf 50° C vorheizen. Die Hirschsteaks mit Pfeffer und Salz würzen. Das Butterschmalz in einer beschichteten Pfanne oder in einem Bräter erhitzen und die Hirschsteaks darin auf jeder Seite 2 Minuten scharf anbraten, dabei aber mehrmals wenden, so daß sich eine braune Kruste bildet, das Fleisch innen aber noch rosa ist. Ein großes Stück Alufolie zurechtschneiden und die Steaks (2 nebeneinander und 2 übereinander) einpacken. Im Backofen bis zum Servieren warm halten und durchziehen lassen. Die Sauerkirschkonfitüre und die Preiselbeeren in die Pfanne geben, die Brühe hinzufügen und erhitzen. Unter Rühren den Bratensatz loskochen, die Gewürze dazugeben. Den Quendel oder Thymian waschen, trockentupfen, die Blättchen abzupfen und in die Pfanne geben. Alles mit Bertram und Galgant würzen und 5 bis 7 Minuten bei milder Hitze zugedeckt gut durchköcheln lassen. Die Sauce durch ein Haarsieb in einen anderen Topf streichen. Die Sahne mit Dinkelmehl glattrühren. Die Sauce zum Kochen bringen, die Sahne-Mehl-Mischung einrühren und die Sauce offen 5 Minuten leise köcheln lassen. Die Hirschsteaks aus der Folie nehmen, auf eine vorgewärmte Platte legen und mit der Sauce servieren.

Tip: Dazu passen Kroketten und Salat.

Rehgeschnetzeltes mit Waldpilzen

600 g Rehfleisch aus der Keule
300 g Waldpilze (z. B. Birkenpilze, Maronen, Pfifferlinge, Steinpilze)
150 g Sahne · weißer Pfeffer aus der Mühle
Bertrampulver · 1 Msp. geriebene Muskatnuß
Salz · 40 g Butterschmalz · 6 Schalotten
125 ml trockener Weißwein
4 cl Gin nach Belieben · 2 Zweige Quendel
2 Zweige Majoran

Das Rehfleisch in sehr feine Scheiben schneiden. Die Pilze waschen, putzen, mit Küchenkrepp etwas abtupfen, dann je nach Größe vierteln oder ganz lassen. Etwa 100 g Pilze zusammen mit der Sahne in eine Schüssel geben, das Ganze mit einem Passierstab pürieren. Das Fleisch mit den Gewürzen und mit Salz bestreuen. Das Butterschmalz in einer beschichteten Pfanne erhitzen. Das Fleisch darin scharf anbraten. Die Schalotten abziehen, halbieren und zum Fleisch geben. Leicht anbräunen, dann den Wein und nach Belieben den Gin dazugeben und den Bratensatz unter Rühren loskochen. Die zerkleinerten Pilze untermischen und 5 Minuten mitdünsten. Das Pilzpüree einrühren und das Ganze offen 4 bis 5 Minuten köcheln lassen. Die Kräuter waschen, mit Küchenkrepp trockentupfen, die Blättchen abzupfen, wiegen und zum Fleisch geben. Kurz mitkochen und die Sauce abschmecken.

Tip: Dazu passen Salzkartoffeln und Salat.

Gefüllte Makrelen

4 küchenfertige Makrelen
Saft von 1 Zitrone · weißer Pfeffer · Bertrampulver
Salz · 50 g Butter · 1 Zweig Estragon
2 Zweige Quendel · 1 Bund Kerbel · 2 Zwiebeln
1 Knoblauchzehe · 800 g Paprikaschoten, bunt gemischt
250 g Zucchini · Griechenkleemischpulver (Bockshornklee)
50 g Mandelblättchen
100 g geriebener Parmesan, Pecorino oder Grana Padano

Makrelen innen und außen kalt abspülen, gut trockentupfen, dann innen und außen mit Zitronensaft einreiben und einige Minuten durchziehen lassen. Wieder abtupfen, dann innen und außen mit Pfeffer, Bertram und Salz würzen. Eine Auflaufform mit 1 TL Butter ausstreichen und den Backofen auf 180° C vorheizen. Die Kräuter waschen, trockentupfen und die Blättchen fein wiegen. Die Zwiebeln und die Knoblauchzehe abziehen und fein würfeln. Das Gemüse waschen und mit Küchenkrepp trockentupfen. Die Paprikaschoten halbieren, Stielansätze, Kerne und weiße Innenteile entfernen und das Fruchtfleisch fein würfeln. Von den Zucchini die Enden knapp abschneiden, dann das Fruchtfleisch ebenfalls fein würfeln. Die restliche Butter in einer beschichteten Pfanne erhitzen und die Zwiebeln und den Knoblauch darin andünsten. Die Kräuter dazugeben, kurz mitdünsten, dann die Masse in die Makrelen füllen. Im Bratfett die Paprika- und Zucchiniwürfel andünsten und das Gemüse unter gelegentlichem Durchrühren 5 Minuten dünsten. Das Gemüse mit Pfeffer, Salz und Griechenkleemischpulver würzen, in die Auflaufform füllen, die Makrelen darauf legen und mit den Mandelblättchen und dem Käse bestreuen. Einen Deckel auflegen. Im Backofen auf mittlerer Einschubleiste etwa 30 Minuten garen, dann den Deckel abnehmen, die Hitze auf 200° C erhöhen und die Makrelen noch 5 – 10 Minuten gratinieren.

Tip: Dazu paßt Kartoffelpüree.

Forellen »unter der Haube«

4 küchenfertige Forellen · Saft von 1 Zitrone
weißer Pfeffer
Griechenkleemischpulver oder milder Curry
Bertrampulver · Galgantpulver · Salz
1 TL Butter · 400 g Karotten
200 g Fenchel · 200 g Knollensellerie
1 Bund Petersilie · 2 EL geschälte Sonnenblumenkerne
150 g geraspelter Emmentaler
200 g Sahne

Die Forellen innen und außen kalt abspülen, gründlich trockentupfen, dann innen und außen mit Zitronensaft einreiben, einige Minuten durchziehen lassen, dann wieder trockentupfen. Mit Pfeffer, den anderen Gewürzen und Salz innen und außen würzen. Eine Auflaufform mit der Butter ausstreichen und die Forellen nebeneinander hineinlegen. Den Backofen auf 200° C vorheizen. Das Gemüse waschen und putzen. Die Karotten und den Sellerie schälen und auf einer Rohkostreibe raspeln. Den Fenchel in feine Streifen schneiden. Die Petersilie waschen, trockentupfen, die groben Stengel entfernen und die zarten Zweige mit den Blättchen fein wiegen. Die Sonnenblumenkerne grob wiegen. Das Gemüse, die Petersilie und die Sonnenblumenkerne miteinander vermengen und auf den Forellen verteilen. Den Käse mit der Sahne verrühren, die Masse mit Pfeffer und Salz würzen, dann über die Forellen geben. Das Ganze zugedeckt im Backofen auf mittlerer Einschubleiste 30 Minuten garen. Dann den Deckel abnehmen und das Gericht noch weitere 10 Minuten backen.

Tip: Dazu paßt Dinkelreis mit Curry.

Goldbarschfilet à la Danicheff

*700 g Fleischtomaten · 2 kleine Zwiebeln
2 Zweige Quendel · 70 g Butter
4 küchenfertige Goldbarschfilets (ca. 600 g)
Saft von 1 Zitrone · weißer Pfeffer aus der Mühle
Galgantpulver · Griechenkleemischpulver (Bockshornklee)
Paprikapulver edelsüß · Salz
75 g geriebener Parmesan oder ein anderer Hartkäse*

Fleischtomaten waschen, dann oben über Kreuz einritzen, nacheinander einige Sekunden in kochendes Wasser halten und die Haut mit einem spitzen Messer abziehen. Die Tomaten halbieren, den Stielansatz jeweils herausschneiden, dann das Fruchtfleisch fein würfeln. Die Zwiebeln abziehen und fein würfeln. Den Quendel waschen, trockentupfen und die Blättchen fein wiegen. 50 g Butter in einer beschichteten Pfanne erhitzen. Zwiebelwürfel darin glasig werden lassen, dann die Tomaten und den Quendel dazugeben und das Gemüse etwa 5 Minuten bei milder Hitze dünsten. Den Backofen auf 200° C vorheizen. Die Fischfilets kalt abspülen, mit Küchenkrepp abtupfen und mit Zitronensaft beträufeln. Auf eine Platte legen und einige Minuten durchziehen lassen. Dann sorgfältig trockentupfen und von allen Seiten würzen und salzen. Die Fischfilets nebeneinander in eine große Gratinform legen. Das Tomatengemüse ebenfalls würzen und darauf verteilen. Den Käse darüberstreuen und die restliche Butter in Flöckchen darauf verteilen. Im Backofen auf mittlerer Einschubleiste etwa 35 Minuten backen.

Hinweis: Griechenkleemischpulver besteht überwiegend aus Bockshornklee. Verwendet werden die harten Samenkörner dieses einjährigen Krautes. Sie werden gemahlen und Gewürzmischungen wie zum Beispiel Curry, Chutneygewürz und indischen Würzmischungen und -saucen beigegeben. Der Geschmack ist würzig-aromatisch.

Seezunge nach Florentiner Art

600 g küchenfertige Seezungenfilets
Saft von 1 Zitrone · weißer Pfeffer
Bertrampulver · Griechenkleemischpulver · Salz
75 g Butter · 5 cl trockener Sherry
600 g Blattspinat · 2 Knoblauchzehen
1 Prise geriebene Muskatnuß
1 EL Gemüsebrühe (Instantpulver)
3 EL Pinienkerne
75 g geriebener Parmesan

Die Seezungenfilets kalt abspülen, mit Küchenkrepp trockentupfen und mit Zitronensaft beträufeln. Auf eine Platte legen und einige Minuten durchziehen lassen. Dann sorgfältig abtupfen und mit Pfeffer, Galgant, Griechenkleemischpulver und Salz würzen. Etwas Butter in einer beschichteten Pfanne erhitzen und die Fischfilets nacheinander darin von beiden Seiten goldbraun braten. Den Sherry in die Pfanne geben und den Bratensatz unter Rühren loskochen. Den Backofen auf 220° C vorheizen. Den Spinat waschen, verlesen, die Stiele von den Blättern schneiden und die Blätter auf ein Sieb geben. Mit kochendem Wasser überbrühen und sehr gut abtropfen lassen. Die restliche Butter in einem Topf erhitzen. Die Knoblauchzehen abziehen, fein würfeln und in der Butter anbraten. Den Spinat dazugeben und mit Muskat, Pfeffer und Salz würzen. Die Instantbrühe untermischen. Den Spinat in eine hitzefeste Form geben, darauf die Fischfilets dicht nebeneinanderlegen und den Bratenfond darübergießen. Das Ganze mit Pinienkernen und Parmesan bestreuen und im Backofen auf mittlerer Einschubleiste etwa 15 bis 20 Minuten überbacken.

Tip: Dazu passen Salzkartoffeln.

Zander in Dill-Sahne-Sauce

600 g küchenfertige Zanderfilets
Saft von 1 Zitrone · 7 Schalotten
75 g Butter
weißer Pfeffer aus der Mühle
Bertrampulver · Kräutersalz
200 g Sahne · 100 ml trockener Weißwein
50 g Crème fraîche
1 TL Gemüsebrühe (Instantpulver)
1 Bund Dill

Die Zanderfilets kalt abspülen, mit Küchenkrepp abtupfen, mit dem Zitronensaft von allen Seiten beträufeln und 5 Minuten durchziehen lassen. Inzwischen die Schalotten abziehen und fein würfeln. Die Butter in einer beschichteten Pfanne erhitzen und die Schalottenwürfel darin glasig werden lassen. Die Fischfilets wieder abtupfen, dann mit den Gewürzen und mit Kräutersalz würzen und in die Pfanne geben. Von beiden Seiten goldgelb braten. Die Sahne und den Wein dazugeben, mit dem Bratensatz verrühren und das Ganze zugedeckt etwa 5 Minuten bei schwacher Hitze köcheln lassen. Zwischendurch die Fischfilets mehrmals mit der Sauce beträufeln. Die Crème fraîche und die Gemüsebrühe in die Sauce einrühren. Den Dill waschen, die groben Stengel entfernen und die zarten Zweige mit den Fähnchen fein wiegen. Dann unter die Sauce mischen und alles noch 3 Minuten ziehen lassen.

Tip: Dazu paßt Kartoffelpüree oder Reis.

Gegrillte Rotbarben mit Fenchel

4 küchenfertige Rotbarben (à ca. 200 g)
weißer Pfeffer aus der Mühle
Salz · Saft von 2 Zitronen
6 EL Sonnenblumenöl
1 kg Fenchelknollen mit Grün
1 Bund glatte Petersilie
Butter für die Folie

Die Rotbarben kalt abspülen, mit Küchenkrepp abtupfen und mit Pfeffer und Salz innen und außen würzen. Den Zitronensaft mit dem Öl verquirlen. Den Fenchel waschen, die Stiele mit dem Grün fein wiegen und in eine große Schüssel geben. Die Fische darauf legen und mit der Marinade begießen. Zugedeckt an einem kühlen Ort etwa 2 Stunden durchziehen lassen. Zwischendurch einige Male wenden. Die Fenchelknollen in feine Streifen schneiden. Vier große Stücke Aluminiumfolie zurechtschneiden und den Backofen auf 200° C vorheizen. Auf jedes Stück Folie etwas Butter streichen, darauf jeweils einen Fisch legen, mit Marinade beträufeln und das Fenchelgemüse darauf verteilen. Mit Pfeffer und Salz würzen und die Folie darüber gut verschließen. Die Fische im Backofen auf mittlerer Einschubleiste etwa 25 Minuten braten. Mit fein gehackter Petersilie bestreuen.

Kabeljau mit Käsekruste

*600 g Kabeljaufilet am Stück
2 EL Zitronensaft · weißer Pfeffer
Galgantpulver · Bertrampulver
Salz · 50 g Butter
150 g Frischkäsecreme mit Kräutern (60 % F. i. Tr.)
3 EL Sahne · 6 EL Semmelbrösel
60 g fein gewiegte Walnußkerne
2 Bund glatte Petersilie*

Das Kabeljaufilet kalt abspülen, mit Küchenkrepp sorgfältig trokkentupfen und rundherum mit Zitronensaft einreiben. Auf einem Teller kurz durchziehen lassen, dann wieder abtupfen und mit Pfeffer, Galgant, Bertram und Salz kräftig würzen. Eine Gratinform mit 1 TL Butter ausstreichen und das Fischfilet hineinlegen. Den Backofen auf 200° C vorheizen. Den Frischkäse in ein Rührgefäß geben, die Sahne, die Semmelbrösel und die Walnußkerne dazugeben. Die Petersilie waschen, trockentupfen, die groben Stengel entfernen und die zarten Stiele mit den Blättchen fein wiegen. Zu den Zutaten in das Rührgefäß geben und alles gut verrühren. Mit Pfeffer und Salz würzen. Die Frischkäsecreme gleichmäßig auf den Fisch streichen, die restliche Butter in Flöckchen darauf verteilen und das Ganze im Backofen auf mittlerer Einschubleiste etwa 30 Minuten backen.

Tip: Statt Kabeljau können Sie auch anderen Fisch (z. B. Rotbarsch) verwenden. Wenn Sie das Fischfilet portionsweise (1 Portion sind etwa 150 g) backen, dann verkürzt sich die Backzeit auf etwa 20 Minuten.
Dazu passen Kopfsalat und frisches Dinkel-Baguette.

Fischgratin mit Fetakruste

800 g Fenchel mit Grün
4 Fleischtomaten (ca. 500 g)
800 g Rotbarschfilet
2 EL Zitronensaft · Galgantpulver
Griechenkleemischpulver (Bockshornklee)
weißer Pfeffer aus der Mühle
Salz · 2 EL Sonnenblumenöl
400 g Kuhmilchfeta am Stück
1 EL Butter · 250 g Crème fraîche
1 Msp. geriebene Muskatnuß

Den Fenchel waschen, putzen, die Stiele mit dem Grün abschneiden und fein wiegen, die Knollen in Streifen schneiden. Die Tomaten waschen, mit Küchenkrepp abtrocknen, mit einem spitzen Messer den Stielansatz jeweils herausschneiden und die Tomaten in Scheiben schneiden. Das Rotbarschfilet kalt abspülen, mit Küchenkrepp abtupfen und mit Zitronensaft einreiben. Kurz durchziehen lassen, dann wieder abtupfen und von allen Seiten mit Galgant, Griechenkleemischpulver, Pfeffer und Salz würzen. Die Tomaten ebenfalls pfeffern und salzen. Das Öl in einer beschichteten Pfanne erhitzen, den Fenchel samt Stielen und Grün dazugeben und unter gelegentlichem Durchrühren etwa 5 Minuten dünsten, dann mit Pfeffer und Salz würzen. Eine Gratinform mit der Butter ausstreichen und den Backofen auf 200° C vorheizen. Den Fenchel in die Form geben. Den Feta in dünne Scheiben schneiden und die Hälfte auf dem Fenchel verteilen. Darauf die Rotbarschstücke geben und darauf die Tomatenscheiben schichten. Die Crème fraîche mit einem Schneebesen glattrühren, mit Pfeffer und Muskat würzen und auf die Tomaten streichen. Das Ganze mit den restlichen Fetascheiben belegen und im Backofen auf mittlerer Einschubleiste etwa 35 Minuten backen.

Desserts

Schon zu Hildegards Zeiten schätzte man einen feinen Nachtisch innerhalb eines Menüs. Und schon damals ließen sich so manche Köstlichkeiten trotz eines relativ eingeschränkten Nahrungsangebotes zubereiten. Mein Streifzug durch die Hildegard-Küche bietet sowohl alte als auch moderne Rezepte.

Dinkelreis mit Apfelkompott

FÜR DEN DINKELREIS:
120 g Dinkelkörner · 125 ml Milch
125 ml Wasser · 1 Stück Vanilleschote
40 g brauner Zucker · ½ TL Zimtpulver

FÜR DAS APFELKOMPOTT:
500 g Äpfel · 2 EL Rosinen
2 EL Zitronensaft oder Weißwein
Honig nach Geschmack

Die Dinkelkörner kalt abbrausen und abtropfen lassen. Die Milch mit Wasser aufkochen und die Dinkelkörner dazugeben. Die Vanilleschote der Länge nach aufschneiden, das Mark herausschaben und zusammen mit der Schote zum Dinkel geben. Das Ganze unter gelegentlichem Rühren zugedeckt bei milder Hitze etwa 20 bis 25 Minuten garen. Inzwischen das Kompott zubereiten: Die Äpfel waschen, nach Belieben schälen, vierteln, das Kerngehäuse entfernen und das Fruchtfleisch in Spalten schneiden. Zusammen mit den Rosinen und dem Zitronensaft oder Wein in einen Topf geben und zugedeckt bei milder Hitze 5 Minuten dünsten. Die Äpfel sollen noch stückig sein. Das Kompott mit Honig abschmecken. Den Dinkelreis mit Zucker und Zimt verfeinern und zusammen mit dem Kompott (warm oder kalt) servieren.

Apfel-Dinkel-Küchle

2 frische Eier (Gewichtsklasse M)
1 Prise Galgantpulver · 1 Msp. Zimtpulver
Salz · 200 ml Milch
150 g feines Dinkelmehl · 600 g feste Äpfel
Sonnenblumenöl zum Ausbacken
brauner Zucker nach Geschmack

Die Eier sauber trennen. Das Eigelb in ein hohes Rührgefäß geben und mit den Schneebesen eines elektrischen Handrührgerätes gut verquirlen. Die Gewürze und etwas Salz dazugeben und die Milch darunterschlagen. Das Dinkelmehl untermengen und das Ganze einige Minuten quellen lassen. Das Eiweiß in ein anderes Rührgefäß geben und zusammen mit einer Prise Salz sehr steif schlagen. Bis zur Verwendung kalt stellen. Die Äpfel waschen, das Kerngehäuse jeweils mit einem Apfelbohrer herausbohren, die Äpfel schälen und quer in 1 cm dicke Ringe schneiden. Etwas Öl in einer beschichteten Pfanne erhitzen. Die Eiweißmasse mit einem Schneebesen gleichmäßig unter die Eigelbmasse rühren. Mit einer kleinen Schöpfkelle jeweils zwei bis drei Portionen Teig in die Pfanne geben. Auf jedes Teigplätzchen einen Apfelring legen, den Teig etwas anbacken lassen, so daß er nicht mehr auseinanderläuft, dann eine kleine Menge Teig auf den Apfelring geben, so daß er ganz von Teig umhüllt ist. Wenn die Teigoberfläche sich etwas gefestigt hat, die Küchlein mit einem Pfannenwender vorsichtig umdrehen und die Oberseite goldgelb backen. Den Teig und die Apfelringe so nacheinander zu Küchlein verarbeiten. Die fertigen Küchlein nach Belieben mit braunem Zucker bestreuen.

Tip: Dazu schmeckt Schlagsahne oder Vanilleeis.

Geeiste Himbeernocken mit Sahne

*500 g frische Himbeeren
2 EL Zitronensaft · 5 EL milder Rotwein
2 EL Honig · 75 g Crème double · 200 g Sahne
Zitronenmelisseblättchen zum Garnieren*

Die Himbeeren waschen, verlesen und mit einer Gabel zerdrücken oder mit einem Passierstab pürieren. Das Mus durch ein Haarsieb streichen. Den Zitronensaft, den Rotwein und gut die Hälfte des Honigs unter das Himbeermark rühren, dann die Crème double untermischen. Die Creme glattrühren und in eine Schüssel füllen. Einige Stunden frosten, dabei zwischendurch immer wieder mit einem Schneebesen durchrühren, damit die Masse cremig bleibt. Die Sahne steif schlagen und mit dem restlichen Honig (ca. 1 TL) süßen. In eine Tortenspritze oder einen Spritzbeutel füllen. Mit einem Eßlöffel aus der gefrosteten Himbeermasse Nocken abstechen, auf vorgekühlte Dessertschälchen verteilen, mit Sahnerosetten und Zitronenmelisse garnieren.

Kastanieneis

*800 g Edelkastanien (Rohgewicht mit Schalen)
150 ml Wasser · 100 ml Milch · 1 Stückchen Vanilleschote
2 cl Rum oder Weinbrand nach Geschmack
2 – 3 EL brauner Zucker · 100 g Sahne
50 g geraspelte Vollmilchschokolade*

Backofen auf 175° C vorheizen. Die Kastanien oben über Kreuz einschneiden und auf ein Backblech legen. 15 bis 25 Minuten trocken rösten, bis die Früchte platzen und sich die Schale und das braune Häutchen gut ablösen lassen. Kastanien schälen, das Häutchen mitentfernen, dann die Früchte im Mixer pürieren. Wasser und Milch in einem Topf erhitzen, Vanilleschote der Länge nach aufschneiden, das Mark herausschaben und mit der

Vanilleschote in die Flüssigkeit geben. Kastanienpüree dazugeben und alles unter Rühren zum Kochen bringen. Bei milder Hitze 10 Minuten offen köcheln lassen. Vanilleschote herausnehmen, Rum oder Weinbrand sowie Zucker und Sahne untermischen. Die Masse nochmals erhitzen und etwa 5 Minuten leise kochen lassen. Dann die Schokolade einrühren und schmelzen lassen. Kastanienmasse abkühlen lassen und in eine Gefrierbox füllen. Etwa 3 bis 4 Stunden frosten, dann mit einem Eisportionierer Kugeln ausstechen.

Heidelbeerparfait

4 Eigelb (von Eiern der Gewichtsklasse M)
80 g brauner Zucker · 250 g frische Heidelbeeren
200 g Sahne

Eigelb in ein hohes Rührgefäß geben und mit den Schneebesen eines elektrischen Handrührgerätes cremig rühren. Unter Rühren den Zucker dazugeben und in heißem Wasserbad zu einer hellen Creme aufschlagen. Bevor das Wasser zu kochen beginnt, den Topf vom Herd nehmen und die Creme ohne Hitzezufuhr so lange weiterschlagen, bis sie hell und cremig ist und die Schneebesen darin deutliche Spuren hinterlassen. Das Rührgefäß dann in ein kaltes Wasserbad stellen und so lange weiterschlagen, bis die Masse abgekühlt ist. Heidelbeeren waschen, verlesen, putzen, einige (ca. 50 g) zum Anrichten beiseite stellen, die anderen pürieren und das Mus durch ein Haarsieb streichen. Dann unter die Eigelbcreme ziehen. Sahne steif schlagen und gleichmäßig unter die Eigelbcreme ziehen. Die Creme in eine Gefrierbox füllen und im Gefriergerät etwa 3 Stunden frosten. Zum Servieren vom Parfait Nocken oder Kugeln abstechen, auf vier Teller verteilen und mit den zurückbehaltenen Beeren garnieren.

Schaumomelette mit Früchten

FÜR DIE FÜLLUNG:
500 g Himbeeren · 500 g Kirschen
30 g brauner Zucker · 2 Päckchen Vanillezucker

FÜR DIE OMELETTES:
8 Eier (Gewichtsklasse M) · 1 Prise Salz
1 Päckchen Vanillezucker · 25 g feines Dinkelmehl
1 EL Speisestärke · 1 Msp. abgeriebene Zitronenschale
60 g Butterschmalz

ZUM GARNIEREN:
20 g Puderzucker
einige Zweige Zitronenmelisse

Die Früchte waschen und abtropfen lassen. Die Himbeeren verlesen. Die Kirschen entsteinen, mit den Himbeeren mischen und den Zucker sowie den Vanillezucker untermischen. Für die Omelettes die Eier sorgfältig trennen, das Eiweiß mit dem Salz und dem Vanillezucker steif schlagen. Das Eigelb nacheinander unterrühren. Das Mehl mit der Stärke mischen und darübersieben. Die Zitronenschale darüberstreuen und das Ganze mit einem Schneebesen vorsichtig unter den Eischnee mengen. In einer beschichteten Pfanne portionsweise etwas Butterschmalz erhitzen und bei geringer Hitze nacheinander vier Omelettes bei geschlossenem Deckel herausbacken. Die Omelettes werden nur auf einer Seite gebacken, die obere Seite soll nur gestockt sein, die Omelettes werden also nicht gewendet. Die fertigen Omelettes im Backofen warm halten, dann mit den Früchten füllen, auf Teller verteilen, mit Puderzucker bestäuben und mit Zitronenmelisse garnieren.

Tip: Je nach Saison können Sie auch andere frische Früchte verwenden, beispielsweise Brombeeren oder Heidelbeeren.

Quarkcreme mit Birnen

300 g Magerquark
75 g Crème double (dicke süße Sahne mit mind. 40 % Fett)
1 Päckchen Vanillezucker · 2 EL Honig
Saft von 1 Zitrone · 4 Gewürznelken
4 vollreife, gelbe Birnen (ca. 500 g)
2 EL geröstete Mandelblättchen oder Pinienkerne

Quark mit Crème double und Vanillezucker in eine Schüssel geben und mit einem Schneebesen cremig rühren. Honig daruntermischen und die Creme kalt stellen. Zitronensaft mit etwa 2 l Wasser und den Gewürznelken in einem hohen Topf aufkochen. Birnen waschen, trockentupfen, halbieren und das Kerngehäuse entfernen. Die Birnenhälften dünn schälen, einzeln auf eine Schaumkelle legen und 2 Minuten im Zitronenwasser blanchieren. Gut abtropfen lassen. Birnenhälften mit der Schnittfläche nach unten legen und die Quarkcreme darauf verteilen. Mit den Mandelblättchen oder den Pinienkernen bestreuen.

Mandelcreme

75 g geriebene Mandeln · 40 g feines Dinkelmehl · 500 ml Milch
1 Päckchen Vanillezucker · 1 Prise Salz · 1 Gewürznelke
30 g Honig oder Zuckerrübensirup · 75 g geschlagene Sahne

Mandeln in einer beschichteten Pfanne trocken anrösten und abkühlen lassen. Mehl mit etwas Milch glattrühren, die restliche Milch aufkochen, dann den Mehlbrei mit Vanillezucker, Salz und der Nelke einrühren und unter Rühren einige Male bei schwacher Hitze aufwallen lassen. Honig oder Zuckerrübensirup unterrühren, die Gewürznelke herausnehmen. Mandeln unterziehen und die Creme abkühlen lassen. Zwischendurch öfter durchrühren, damit sich keine Haut auf der Oberfläche bildet. Die Schlagsahne unter die kalte Creme ziehen und das Dessert anrichten.

Gorgonzolabirnen

4 kleine, vollreife Birnen · Saft von 1 Zitrone
150 g Gorgonzola (italienischer Weichkäse mit
Blauschimmel, 50 % F. i. Tr.) · 75 g saure Sahne (10 % Fett)
weißer Pfeffer aus der Mühle · Galgantpulver · Bertrampulver
4 EL grob gewiegte Walnußkerne

Birnen waschen, abtrocknen, halbieren, das Kerngehäuse entfernen und die Birnen schälen. Zitronensaft mit etwa 1 l Wasser aufkochen, die Birnenhälften einzeln auf eine Schaumkelle legen und etwa 2 Minuten ins Zitronenwasser halten. Herausnehmen und gut abtropfen lassen bzw. etwas trockentupfen. Käse mit einer Gabel grob zerdrücken. Die saure Sahne dazugeben und das Ganze mit einem Schneebesen cremig rühren. Mit den Gewürzen verrühren und abschmecken. Käsecreme in eine Tortenspritze oder in einen Spritzbeutel mit breitgezackter Tülle füllen und die Creme in die Birnenhälften spritzen. Mit Walnußkernstückchen bestreuen.

Ananas in Bierteig

(FÜR 10 RINGE)

FÜR DEN BIERTEIG:
3 frische Eier (Gewichtsklasse M) · 1 Msp. Salz
250 ml helles Bier · 1 EL Kirschwasser oder Birnenschnaps (nach
Belieben) · 1 EL Sonnenblumenöl · 250 g feines Dinkelmehl

AUSSERDEM:
1 Dose kleine Scheiben Ananas (10 Scheiben à 35 g)
Butterschmalz zum Ausbacken

Eier sorgfältig trennen. Eiweiß in ein Rührgefäß geben und kalt stellen. Eigelb mit den Schneebesen eines elektrischen Handrührgerätes verquirlen, dann Salz, Bier, Schnaps und Öl darunterrühren und schließlich das Mehl gleichmäßig untermengen.

Den Teig zugedeckt etwa 1 Stunde quellen lassen. Dann Eiweiß steif schlagen und mit einem Schneebesen sorgfältig unter den Teig mischen. Ananas gut abtropfen lassen und Butterschmalz in einem hohen Topf erhitzen. Die Ananasscheiben nacheinander durch den Teig ziehen und sofort im heißem Butterschmalz herausbacken. Die gebackenen Ringe heiß servieren.

Überraschungskugeln

Zum Ausbacken:
Fritierfett oder Butterschmalz

Für den Teig:
*2 frische Eier (Gewichtsklasse M) · 150 ml Milch · 1 Prise Salz
1 Msp. Backpulver · 200 g feines Dinkelmehl*

Für die Füllung:
8 Kugeln Vanilleeiscreme (ca. 400 g), evtl. einzeln gefrostet

Ausserdem:
2 EL Puderzucker

Fett in einem hohen Topf oder in der Friteuse erhitzen. Eier in ein Rührgefäß schlagen, mit einem Schneebesen gut verquirlen, dann Milch und Salz darunterrühren. Backpulver unter das Mehl mischen und die Mischung nach und nach unter die Eiermilch rühren. Der Teig muß dickflüssig sein. 5 Minuten quellen lassen. Sobald das Fett heiß ist, die Eiscremekugeln rasch durch den Teig ziehen oder eintauchen und sofort im Fett goldbraun ausbacken. Mit Puderzucker bestäuben und sofort servieren.

Tip: Das Ausbacken der Eiskugeln muß rasch vonstatten gehen. Deshalb ist es sinnvoll, schon vorher die Eiskugeln von der Gesamtmenge abzustechen und einzeln auf eine vorgefrostete Glasplatte zu setzen.

Brot, Brötchen und Gebäck

In der Hildegard-Küche spielt der Dinkel auch beim Backen die Hauptrolle. Zwar billigt Hildegard auch Roggen eine gewisse Bedeutung zu und selbst Weizen darf zum Backen verwendet werden, dennoch ist der Dinkel stets dominierend. Dinkelmehl gibt es wie Weizenmehl in verschiedenen Ausmahlgraden. Es eignet sich deshalb für viele Backrezepte, von Brot über Brötchen bis hin zu Keksen und Plätzchen. Eine kleine, aber feine Auswahl finden Sie auf den nächsten Seiten.

Feines Dinkeltoastbrot

200 g Dinkelvollkornmehl
250 g feines Dinkelmehl
1 – 2 TL Salz · 25 g Frischhefe
100 ml warmes Wasser
175 ml lauwarme Buttermilch
50 g flüssige Butter
Butter für die Form

Mehlsorten mischen. Etwa 400 g Mehlmischung mit dem Salz in eine Schüssel geben. In die Mitte eine Vertiefung drücken, die Hefe hineinbröckeln und das Wasser darauf geben. Die Hefe darin auflösen. Die Buttermilch dazugießen und den Vorteig zugedeckt an einem warmen Ort 15 Minuten gehen lassen. Mit einer Gabel das Mehl nach und nach unter den Vorteig mischen, dabei die flüssige Butter unterarbeiten. Das Ganze zu einem glatten geschmeidigen Teig verkneten und diesen nochmals 30 Minuten gehen lassen. Das restliche Mehl auf die Arbeitsfläche streuen und den weichen Teig darauf gründlich mit den Händen durchkneten (ca. 5 Minuten). Backofen auf 50° C vorheizen und eine Kastenform mit etwas Butter ausstreichen. Den Teig zu einer Rolle formen und in die Form legen. Im Backofen etwa 30 Minuten gehen lassen. Er sollte auf das doppelte Volumen aufgehen. Die Form dann herausnehmen und den Teig der Länge nach etwa 2 cm tief einschneiden. Backofen nun auf 225° C aufheizen, ein Schälchen mit Wasser hineinstellen und den Teig auf mittlerer Einschubleiste 15 Minuten backen. Die Hitze dann auf 200° C reduzieren und das Brot weitere 15 Minuten backen. Dann auf 180° C herunterschalten und das Brot noch 10 bis 15 Minuten fertigbacken. Brot aus der Form lösen und erst am nächsten Tag anschneiden.

Tip: Das Brot eignet sich prima zum Toasten. Man kann noch Leinsamen oder Sonnenblumenkerne unter den Teig kneten.

Partybrötchen

(FÜR CA. 10 STÜCK)
*200 g Weizenvollkornmehl · 85 g Dinkelvollkornmehl
15 g Frischhefe · 150 – 175 ml warmes Wasser
30 g flüssige Butter oder Butterschmalz
½ TL Salz · grob gemahlener Koriander
grob gemahlener Kümmel
Weizenmehl Type 405 zum Ausformen
Mohn und Kümmel zum Bestreuen*

Mehlsorten in einer Schüssel mischen, in die Mitte eine Vertiefung drücken, die Hefe hineinbröckeln und das warme Wasser darauf geben. Das Ganze einige Minuten stehen lassen, dann die Hefe mit einer Gabel im Wasser verrühren, bis sie sich aufgelöst hat. Dabei möglichst kein Mehl einrühren. Den Vorteig zudeckt an einem warmen Ort 15 Minuten gehen lassen. Flüssige Butter oder erwärmtes Butterschmalz, Salz und Gewürze auf dem Mehl verteilen. Mit einer Gabel nach und nach die Mischung vom Schüsselrand her unter den Vorteig rühren. Wenn der Teig fester wird, den Rest mit den Händen sehr gut unterarbeiten. Der Teig sollte handwarm und geschmeidig sein. Den Teig zur Kugel formen und zugedeckt nochmals 20 Minuten gehen lassen. Die Arbeitsfläche dünn mit Mehl bestreuen. Den Teig wieder gut durchkneten, in 10 gleich große Stücke teilen und die Teigstücke durchkneten. Im Mehl wälzen und zu Kugeln ausformen, 15 Minuten gehen lassen. Den Backofen auf 250° C vorheizen. Ein Blech mit Wasser benetzen und mit einem hitzefesten Schälchen mit Wasser in den Backofen stellen. Die Teigkugeln oben sternförmig einschneiden, mit Wasser bestreichen und abwechselnd mit Mohn und Kümmel bestreuen. Auf das heiße Blech setzen und die Teigstücke im Backofen auf mittlerer Einschubleiste etwa 15 Minuten backen. Dann die Brötchen wieder mit Wasser bestreichen und bei 200° C weitere 10 Minuten backen.

Drei-Saat-Dinkelbrot

(FÜR 1 BROT MIT CA. 750 G)
300 g feines Dinkelmehl · 150 g Dinkelvollkornmehl
50 g Dinkelschrot · 250 ml lauwarme Buttermilch · 1 Würfel Frischhefe
1 TL Salz · 1 TL grob gemahlener Kreuzkümmel (Mutterkümmel)
1 TL gemahlener Koriander · 50 g Leinsamen · 50 g Sesamsaat
50 g geschälte Sonnenblumenkerne · feines Dinkel- oder Weizenmehl
zum Kneten und Ausformen · Wasser zum Bestreichen
Steinsalz, Kümmel, Kürbiskerne, Mohn und Sesam zum Bestreuen

Das feine Dinkelmehl mit dem Vollkornmehl und Schrot in einer Schüssel mischen. In die Mitte eine Vertiefung drücken und die Hefe hineinbröckeln. Die Buttermilch darauf gießen und die Hefe in der Buttermilch auflösen. Salz, Kümmel, Koriander und Körner an den Rand streuen. Den Vorteig zugedeckt 15 Minuten an einem warmen Ort gehen lassen, dann mit einer Gabel nach und nach Mehl untermengen. Schließlich das restliche Mehl und die Körner mit den Händen unterarbeiten. Den Teig kneten, bis er geschmeidig ist. Falls er zu sehr klebt, noch etwas feines Dinkelmehl oder auch Weizenmehl unterkneten. Den Teig zur Kugel formen und zugedeckt an einem warmen Ort 20 Minuten gehen lassen, dann erneut durchkneten und zu einem länglichen Brot ausformen. Den Backofen auf 225° C vorheizen, ein Backblech mit Wasser benetzen und im Backofen heiß werden lassen. Ein hitzefestes Gefäß mit Wasser in den Backofen stellen. Das Brot mit einem scharfen Messer oben mehrfach schräg einschneiden, mit Wasser bestreichen und nach Belieben mit Steinsalz, Kümmel, Sesam, Mohn oder Kürbiskernen bestreuen. 10 Minuten gehen lassen. Das heiße Blech aus dem Ofen nehmen, das Brot darauf legen und im Backofen auf mittlerer Einschubleiste etwa 45 Minuten backen. Nach 20 Minuten Backzeit die Hitze auf 200° C reduzieren. Das Brot erst am nächsten Tag anschneiden.

Dinkelbrot mit Sauerteig

FÜR DEN SAUERTEIG:
465 g feines Roggenvollkornmehl (ca. 25° C warm)
350 ml lauwarme Buttermilch

FÜR DEN BROTTEIG:
250 g Weizenmehl · 250 g Dinkelvollkornmehl · 250 g Sauerteig
350 ml lauwarme Buttermilch · 1 EL Salz · 1 TL gemahlener Koriander
125 g geschälte Sonnenblumenkerne · 1 EL Kartoffelstärke

Für den Sauerteig 1 EL Roggenvollkornmehl mit 5 EL Buttermilch verrühren und diesen Ansatz bei Zimmertemperatur zugedeckt etwa zwei Tage ruhen lassen. Dann mit 100 ml Buttermilch und 250 g Roggenmehl mischen, gut durchkneten und bei Zimmertemperatur zugedeckt über Nacht bzw. 8 bis 10 Stunden ruhen lassen. Am nächsten Tag restliches Roggenmehl und restliche Buttermilch zusetzen, gründlich durchkneten und weitere 5 Stunden zugedeckt ruhen lassen. Der Sauerteig ist nun fertig. Die angegebene Menge abnehmen, den Rest zur späteren Verwendung einfrieren. Für das Brot die Mehlsorten mischen. In die Mitte eine Vertiefung drücken und Sauerteig, Buttermilch, Salz und Koriander hineingeben. 50 g Sonnenblumenkerne grob wiegen und unterkneten. Den Teig mindestens 5 Minuten gut durchkneten, dann zugedeckt an einem warmen Ort 40 Minuten gehen lassen. Wieder durcharbeiten und weitere 10 Minuten gehen lassen. Backofen auf 225° C vorheizen, ein Backblech sowie ein Schälchen mit Wasser hineinstellen. Aus dem Teig ein längliches Brot formen. Stärke mit 100 ml Wasser glattrühren und das Brot damit bestreichen. Die restlichen Sonnenblumenkerne darauf streuen. Brot auf das heiße Blech setzen und im Backofen auf mittlerer Einschubleiste ca. 20 Minuten backen. Hitze auf 200° C reduzieren und das Brot weitere 40 Minuten fertigbacken.

Tip: Wenn Sie Sauerteig nicht selbst ansetzen möchten, können Sie ihn auch gebrauchsfertig kaufen. Er ist erhältlich in Reformhäusern, Bioläden und in jeder Bäckerei.

Mohn-, Sesam- und Kürbiskernspitzle

(FÜR 12 STÜCK)

FÜR DEN TEIG:
425 g feines Dinkelmehl
50 g Dinkelvollkornmehl · 1 TL Salz · 1 Würfel Frischhefe
275 ml zimmerwarme Buttermilch

AUSSERDEM:
feines Dinkelmehl zum Ausrollen
Mohn, Sesamsaat und Kürbiskerne zum Bestreuen
Steinsalz (grobes Salz) zum Bestreuen (nach Belieben)
Butter oder Sonnenblumenöl für das Blech

Das Mehl mit dem Salz mischen und in die Mitte eine Vertiefung drücken. Die Hefe hineinbröckeln und die Buttermilch darauf gießen. Das Ganze leicht verrühren und den Vorteig etwa 20 Minuten zugedeckt gehen lassen. Dann den Vorteig mit etwas Mehl verrühren, das übrige Mehl nach und nach untermengen, den Teig dann mit den Händen gut durchkneten, dabei das restliche Mehl unterarbeiten. Den Teig zur Kugel formen und zugedeckt etwa 20 Minuten gehen lassen. Den Teig dann nochmals durchkneten. Dinkelmehl auf eine Arbeitsfläche streuen und den Teig darauf dünn zu einem Rechteck ausrollen. Quadrate mit etwa 12 cm Seitenlänge ausschneiden und sie von einer Ecke aus diagonal zur gegenüberliegenden aufrollen. Die Oberfläche jeweils mit Wasser bestreichen, dann vier Spitzle mit Mohn, vier mit Sesam und vier mit Kürbiskernen bestreuen oder sie darin wälzen. Oder Mohn, Sesam und Kürbiskerne mischen und alle Spitzle mit dieser Mischung bestreuen bzw. darin wälzen. Nach Belieben noch Steinsalz darauf streuen. Backofen auf 200° C vorheizen und ein Backblech mit Backpapier auslegen. Die Spitzle auf das Blech legen, noch 15 Minuten gehen lassen, dann im Backofen auf mittlerer Einschubleiste etwa 20 Minuten backen.

Tip: Die Spitzle schmecken frisch und leicht warm am besten.

Dinkelplätzchen

50 g weiche Butter · 50 g Dinkelvollkornmehl
50 g Mandelblättchen · 50 g Honig
1 TL Vanillezucker · 1 Msp. Zimtpulver
1 Prise Gewürznelkenpulver · Mehl zum Formen

Den Backofen auf 180° C vorheizen und ein Backblech mit Backpapier auslegen. Die Zutaten in eine Schüssel geben, mit den Händen zu einem gleichmäßigen Teig verkneten und daraus mit bemehlten Händen walnußgroße Kugeln formen. Die Kugeln auf das Blech setzen und auf mittlerer Einschubleiste 10 bis 12 Minuten backen, bis die Kugeln zu flachen Talern verlaufen. Auf dem Blech abkühlen lassen.

Der Hildegard-Ernährungsplan für 7 Tage

Dieser Ernährungsfahrplan zeigt Ihnen, wie Sie sich eine Woche lang nach den Hildegardschen Ernährungsempfehlungen gesund ernähren können. Die Rezepte sind für den gesunden Menschen ausgelegt, nach modernen Ernährungsrichtlinien ausgearbeitet und jeweils für eine Person gedacht. Es wurde auch berücksichtigt, daß die Zutaten möglichst vollständig aufgebraucht werden und sich die Einkäufe im vernünftigen Rahmen halten. In jeder Art von Kostform hat sich der 5-Mahlzeiten-Rhythmus bewährt. Es gibt also auch in der Hildegard-Ernährung Frühstück, eine Zwischenmahlzeit am Vormittag, Mittagessen, eine Zwischenmahlzeit am Nachmittag und Abendessen. Die Zwischenmahlzeiten helfen, Leistungstiefs zu vermeiden und dem Heißhunger zu den Hauptmahlzeiten vorzubeugen, denn die Hildegard-Kost soll ja nicht zu Übergewicht führen, sondern eher zur Stabilisierung und Normalisierung des Gewichts. Wenn Sie die Tips zur Zubereitung und zu den Variationen befolgen, haben Sie noch mehr Abwechslung in der Hildegard-Kost.

Frühstück

Dinkelhabermus mit Äpfeln

60 g Dinkelschrot, Dinkelgrütze oder Dinkelflocken
150 ml Wasser · 1 TL Honig · Galgantpulver
Bertrampulver · Zimtpulver · 1 kleiner Apfel
1 TL gehackte Mandeln · 1 TL Flohsamen · 1 TL Zitronensaft

Den Dinkel in das Wasser einrühren und unter Rühren aufkochen. Den Honig und die Gewürze dazugeben und das Ganze zugedeckt bei schwacher Hitze etwa 4 Minuten kochen lassen. Zwischendurch umrühren. Den Apfel waschen, abtrocknen, vierteln, das Kerngehäuse entfernen und die Apfelviertel in Stücke schneiden. Die Apfelstücke unter das Dinkelmus mischen und das Ganze noch weitere 4 Minuten leise köcheln lassen. Die Mandeln, den Flohsamen und den Zitronensaft untermischen und das Habermus mit Honig abschmecken. Warm servieren.

Tip: Zu jedem Frühstück sollte man Dinkelkaffee trinken. Das Rezept finden Sie im Rezeptteil auf Seite 59.

Variation: Man kann den Apfel auch grob raspeln und roh unter das warme Habermus mischen. Besonders fruchtig schmeckt das Habermus, wenn man den Dinkel in einer Mischung aus Apfelsaft und Wasser kocht.

Zwischenmahlzeit vormittags

Pumpernickeljoghurt

150 g fettarmer Naturjoghurt · ½ Scheibe Pumpernickel · 1 TL Honig

Den Joghurt glattrühren. Den Pumpernickel zerbröseln und nach Belieben in einer beschichteten Pfanne leicht anrösten oder toasten. Zusammen mit dem Honig unter den Joghurt mischen.

Mittagessen

Eier in Kräutersauce

2 Eier (Gewichtsklasse M) · 1 kleine Zwiebel · 1 TL Butter · 1 Scheibe geräucherte Putenbrust (25 g) · 1 TL feines Dinkelmehl · 1 Schuß Sahne 100 ml Gemüse- oder Fleischbrühe · 1 Spritzer Essig-Essenz (25 % Säure) 2 EL fein gewiegte Petersilie · 1 EL Schnittlauchröllchen · 1 Prise Zucker weißer Pfeffer aus der Mühle · 1 Prise Bertrampulver · Salz

Eier wachsweich oder hart kochen. Inzwischen die Zwiebel abziehen und fein würfeln. Butter in einer Kasserolle erhitzen und die Zwiebelwürfel darin glasig werden lassen. Putenbrustscheibe in kleine Würfel schneiden und dazugeben. Kurz mitdünsten, dann das Ganze mit Mehl bestäuben. Unter Rühren anschwitzen, mit Sahne ablöschen und verrühren. Den Topf vom Herd nehmen und unter Rühren die Brühe angießen. Die Sauce unter Rühren aufkochen und 5 Minuten leise durchköcheln lassen. Essig-Essenz und Kräuter untermischen und die Sauce mit Zucker, Pfeffer, Bertram und Salz abschmecken. Die Eier abschrecken, pellen, halbieren und mit der Sauce anrichten.

Tip: Dazu passen Dinkelbrot oder Salzkartoffeln.

Zwischenmahlzeit nachmittags

Bananensalat

*150 g vollreife Bananen · 1 EL Zitronensaft
1 EL Naturjoghurt (3,5 % oder 1,5 % Fett) · 1 TL Honig*

Die Bananen schälen und in dünne Scheiben schneiden. In ein Schälchen geben und den Zitronensaft untermischen. Den Joghurt mit dem Honig verrühren und darübergeben.

Tip: Statt Honig können Sie auch Rohrzucker oder Apfeldicksaft oder Zuckerrübensirup verwenden.

Abendessen

Obatzter

*1 Camembert, gut gereift (125 g, 45 % F. i. Tr.) · 50 g Landrahm
1 kleine Zwiebel · 2 EL fein gewiegte Petersilie · Kümmel
weißer Pfeffer aus der Mühle · Salz · einige Radieschen*

Den Camembert kleinschneiden und mit einer Gabel zerdrücken. Den Landrahm gründlich unterrühren. Die Zwiebel abziehen, einen Teil in feine Ringe schneiden, den Rest fein würfeln und zusammen mit der Petersilie unter die Käsecreme mischen. Die Zwiebelringe in Kümmel wälzen. Die Käsecreme mit Pfeffer und Salz abschmecken und zusammen mit den Zwiebelringen anrichten. Die Radieschen waschen und dazu servieren.

Tip: Man kann den Obatzten auch mit Paprika anmachen. Dazu paßt kräftiges Roggen- oder Dinkelbrot. Als Getränk eignet sich Bier.

2. Tag

Frühstück

Toastbrot mit Birnen und Käse

*2 Scheiben Dinkelbrot oder Toastbrot aus Dinkelmehl · 2 TL Butter
1 vollreife Birne · schwarzer Pfeffer aus der Mühle · 2 Scheiben schwäbischer Raclette-Käse oder 70 g Mozzarella in dünnen Scheiben
grob gemahlener Mutterkümmel*

Brot dünn mit Butter bestreichen. Birne waschen, abtrocknen, halbieren und das Kerngehäuse entfernen. Birnenhälften in dünne Spalten schneiden und diese fächerförmig auf den Brotscheiben anrichten. Mit Pfeffer übermahlen. Den Käse darauf legen und die Brote im Grill überbacken, bis der Käse schmilzt. Etwas Mutterkümmel darauf streuen und die Toastbrote servieren.

Variation: Statt der Birne kann man auch einen Apfel oder zwei Ananasscheiben nehmen.

Zwischenmahlzeit vormittags

Würziger Kefirmix

*100 g Salatgurke oder Zucchini · 1 TL Zitronensaft · weißer Pfeffer
Salz · 1 Prise Knoblauchgranulat oder ½ durchgepreßte Knoblauchzehe
3 EL fein gewiegter Dill · 150 g fettarmer Kefir, gut gekühlt*

Gurke oder Zucchini waschen, abtrocknen, schälen, in Würfel schneiden und mit Zitronensaft in ein Rührgefäß geben. Mit dem Passierstab fein pürieren, mit Pfeffer, Salz, Dill und Knoblauch würzen und den Kefir unterrühren. In Gläser füllen.

Mittagessen

Hähnchensalat

*100 g Hähnchenbrustfilet · ½ TL Honig · 1 EL Butter · 1 TL Zitronensaft
1 TL Apfeldicksaft · weißer Pfeffer aus der Mühle · Salz
1 kleine Zwiebel · 2 EL fein gewiegter Dill · 1 EL fein gewiegte Petersilie
2 EL Sonnenblumen- oder Walnußöl · 1 TL Balsamico-Essig
1 kleine Knoblauchzehe · einige Blätter Eichblattsalat und Lollo rosso
50 g Pfifferlinge (aus der Dose) · 50 g Brie oder Camembert*

Fleisch kalt abbrausen, trockentupfen und mit Honig einstreichen. Butter in einer Pfanne erhitzen und das Fleisch etwa 10 Minuten bei mittlerer Hitze braten. Zitronensaft, Apfeldicksaft, Pfeffer und Salz verrühren. Fleisch in Streifen schneiden und in dieser Sauce marinieren. Zwiebel abziehen und würfeln. Mit Dill, Petersilie, Öl und Essig in einer Schüssel verrühren. Knoblauchzehe abziehen und durch eine Presse dazudrücken. Salatblätter waschen und zerteilen. Pfifferlinge mit den Salatblättern in der Sauce wenden. Brie oder Camembert kleinschneiden und mit dem Hähnchenfleisch auf dem Salat anrichten.

Zwischenmahlzeit nachmittags

Rettich- oder Radieschenbrot

*1 Scheibe Dinkelbrot oder ein anderes Vollkornbrot (z. B. Pumpernickel)
1 TL Butter · 1 kleiner Rettich oder einige Radieschen · weißer Pfeffer
Salz · 1 TL Schnittlauchröllchen oder fein gewiegte Kresse*

Das Brot mit Butter bestreichen. Rettich oder Radieschen waschen und in Scheiben schneiden. Mit Pfeffer und Salz würzen, auf das Brot geben und mit Schnittlauch oder Kresse bestreuen.

Abendessen

Dinkelnocken auf Rosenkohlgemüse

*2 altbackene Dinkelbrötchen · 100 ml heiße Milch · 1 kleine Zwiebel
1 EL Butter · 75 g schwäbischer Raclette
1 kleines Ei (Gewichtsklasse S) · 1 EL fein gewiegte Petersilie
1 Prise Bertrampulver · 1 Prise geriebene Muskatnuß
weißer Pfeffer aus der Mühle · Salz · Semmelbrösel nach Bedarf
200 g Rosenkohl · 1 Msp. Haushaltsnatron
25 g Schinkenspeck*

Die Brötchen in dünne Scheiben schneiden, in eine Schüssel geben und mit der Milch übergießen. Die Zwiebel abziehen und fein würfeln. Die Butter in einer beschichteten Pfanne erhitzen und die Zwiebelwürfel darin glasig werden lassen. Den Käse raspeln und zusammen mit den Zwiebelwürfeln und dem Ei zu den eingeweichten Brötchen geben. Das Ganze zu einem Teig vermengen, die Petersilie untermischen und den Teig mit Bertram, Muskat, Pfeffer und Salz würzen. Je nach Konsistenz noch Semmelbrösel untermischen. Den Teig etwas durchziehen lassen. Inzwischen den Rosenkohl putzen, die Strünke über Kreuz einschneiden. Reichlich Wasser mit etwas Salz und Natron aufkochen und den Rosenkohl darin garen. Den Schinkenspeck in feine Streifen schneiden und ohne Fettzugabe knusprig ausbraten. Vom Brötchenteig Nocken abstechen und diese in reichlich, leicht kochendes Salzwasser geben. Etwa 10 bis 15 Minuten leise kochen lassen, bis sie an die Oberfläche steigen, dann mit einer Schaumkelle herausnehmen. Den Rosenkohl abgießen, auf einen Teller geben und mit den Dinkelnocken und dem Speck servieren.

3. Tag

Frühstück

Habermus mit Rosinen und Nüssen

60 g Dinkelschrot, Dinkelgrütze oder Dinkelflocken · 150 ml Wasser
1 TL Honig · Galgantpulver · Bertrampulver · Zimtpulver
1 - 2 EL Rosinen · 1 TL gehackte Haselnüsse · 1 TL Flohsamen
1 TL Zitronensaft

Den Dinkel in das Wasser einrühren und unter Rühren aufkochen. Den Honig und die Gewürze dazugeben und das Ganze zugedeckt bei schwacher Hitze etwa 6 Minuten kochen lassen. Zwischendurch umrühren. Die Rosinen waschen, mit Küchenkrepp etwas trockentupfen, zum Dinkel geben und das Ganze noch weitere 2 Minuten köcheln lassen. Die Nüsse, den Flohsamen und den Zitronensaft untermischen und das Habermus mit Honig abschmecken. Warm servieren.

Zwischenmahlzeit vormittags

Frischkäse mit Kräutern

1 Becher (200 g) körniger Frischkäse · 2 EL fein gewiegte Kräuter
(Schnittlauch, Dill, Petersilie) · Pfeffer und Salz nach Geschmack

Den Frischkäse mit den Kräutern vermengen und nach Geschmack würzen.

Mittagessen

Lamm-Gemüse-Gratin

*50 g Kuhmilchfeta-Würfel aus dem Glas (in Würzöl eingelegt)
100 g Auberginen · 200 g Zucchini · Salz · 2 EL Würzöl aus dem
Fetaglas · 75 g Karotten · 100 g Kartoffeln · 1 kleine Zwiebel
150 g Lammhack · 100 g Tomaten · 1 kleine Knoblauchzehe
weißer Pfeffer · geriebene Muskatnuß · Bertrampulver · 1 EL Butter
1 EL Mehl · 100 ml Milch · 1 Ei (Gewichtsklasse M)*

Fetawürfel auf ein Sieb geben, abtropfen lassen und das Öl auffangen. Aubergine und Zucchini waschen, trockentupfen, die Enden abschneiden und das Gemüse in dünne Scheiben schneiden. In eine Schüssel geben, leicht salzen und etwas durchziehen lassen. 1 EL Würzöl in einer beschichteten Pfanne erhitzen. Auberginen- und Zucchinischeiben trockentupfen und im Öl von beiden Seiten kurz anbraten. Aus der Pfanne nehmen und beiseite stellen. Die Kartoffeln und die Karotten waschen, schälen und in Scheiben schneiden. Das Gemüse in der Pfanne anbraten, dann die Auberginen- und Zucchinischeiben dazugeben. In einer zweiten Pfanne 1 EL Würzöl erhitzen. Die Zwiebel abziehen und in feine Ringe schneiden. In dem Öl andünsten, Hackfleisch dazugeben und unter Rühren krümelig braten. Tomaten waschen und würfeln. Zum Hackfleisch geben. Knoblauchzehe abziehen und durch eine Presse dazudrücken. Alles gut durchdünsten und würzen. Backofen auf 200 °C vorheizen und die Hälfte der Gemüsemischung in eine Auflaufform geben, darauf die Hack-Tomaten-Mischung und das restliche Gemüse schichten. Butter in einer Kasserolle erhitzen, Mehl darin hell anschwitzen und mit der Milch ablöschen. Mit einem Schneebesen glattrühren und unter Rühren etwa 5 Minuten bei milder Hitze köcheln lassen. Sauce mit Pfeffer, Salz und Muskat würzen, etwas abkühlen lassen, dann das Ei darunterrühren. Die Masse über das Gemüse gießen und die Fetawürfel darauf verteilen. Im Backofen auf mittlerer Einschubleiste etwa 30 Minuten backen.

Zwischenmahlzeit nachmittags

Honigbrot mit Sesam

*1 Scheibe Dinkelbrot oder anderes Vollkornbrot · 50 g Magerquark
1 TL Honig · ½ TL Sesam*

Das Brot mit dem Quark bestreichen, den Honig darauf träufeln und den Sesam darüberstreuen.

Abendessen

Avocadosalat mit Putenbrust

*1 kleine Avocado (ca. 150 g Fruchtfleisch) · 2 EL Zitronensaft · einige Blätter Eisbergsalat, Eichblattsalat oder Kopfsalat · 50 g geräucherte Putenbrust in dünnen Scheiben · 1 kleine Orange (ersatzweise rosa Grapefruit) · 1 EL Salatöl (z. B. Sojaöl) · 1 Hauch Cayennepfeffer
1 Prise Galgantpulver · 1 Msp. Zucker · Salz · ½ Kästchen Kresse*

Die Avocado halbieren, die ledrige Haut mit einem spitzen Messer abziehen, den Kern entfernen und das Fruchtfleisch in schmale Spalten schneiden. Sofort mit 1 EL Zitronensaft beträufeln. Die Salatblätter waschen, trockenschütteln, putzen und in mundgerechte Stücke pflücken. Auf einen Teller zusammen mit den Avocadospalten geben. Die Putenbrustscheiben in Streifen schneiden. Die Orange dick schälen, in Scheiben schneiden und mit den Putenbrustscheiben auf dem Teller anrichten. Den restlichen Zitronensaft zusammen mit dem Öl und den Gewürzen verrühren und die Sauce über den Salat träufeln. Die Kresse abschneiden und den Salat damit garnieren.

4. Tag

Frühstück

Herzhafte Dinkelpfannkuchen

1 Ei (Gewichtsklasse M) · 100 ml Milch · Salz
40 g feines Dinkelmehl · 1 EL Weizenkeime · weißer Pfeffer
1 Prise Galgantwurzel · 1 kleine Zwiebel · 100 g Champignons
50 g geräucherte Putenbrust in Scheiben
2 EL Sonnenblumenöl oder Sojaöl · 1 EL Schnittlauchröllchen

Ei mit Milch und Salz verquirlen. Dinkelmehl sowie die Weizenkeime unterrühren. Mit Pfeffer und Galgant würzen, quellen lassen. Die Zwiebel abziehen und würfeln. Champignons waschen und blättrig schneiden. Die Putenbrustscheiben in Streifen schneiden. 1 EL Öl in einer beschichteten Pfanne erhitzen. Zwiebelwürfel und Champignons darin anbraten, dann die Putenbruststreifen dazugeben. Durchdünsten, dann aus der Pfanne nehmen, warm stellen, die Pfanne mit Küchenkrepp auswischen und das restliche Öl darin erhitzen. Aus dem Teig einen Pfannkuchen goldbraun herausbacken. Champignonmischung darauf geben, den Schnittlauch darüberstreuen und servieren.

Zwischenmahlzeit vormittags

Bananenquark

1 vollreife Banane · 1 EL Zitronensaft · 100 g Magerquark
Honig oder Apfeldicksaft nach Geschmack · 1 TL Mandelsplitter

Die Banane zerdrücken und alle Zutaten vermischen.

Mittagessen

Dinkel-Gemüse-Eintopf

*30 g eingeweichte Dinkelkörner (Trockengewicht) · 1 kleine Zwiebel
2 Karotten · 100 g Sellerieknolle · 100 g Fenchelknolle mit Grün
1 TL Butter · 400 ml Fleisch- oder Gemüsebrühe
1 Prise Galgantwurzel · weißer Pfeffer · Salz*

Die Dinkelkörner samt der Flüssigkeit auf ein Sieb geben und das Einweichwasser auffangen. Das Gemüse waschen und putzen. Die Zwiebel, die Karotten und den Sellerie fein würfeln, den Fenchel in feine Streifen schneiden, das Grün abschneiden und beiseite stellen. Die Butter in einem Topf erhitzen. Die Zwiebelwürfel darin glasig dünsten, dann das restliche Gemüse und die Dinkelkörner hinzugeben. Gut durchdünsten, dann das Einweichwasser und die Brühe dazugeben und das Ganze zugedeckt bei mittlerer Hitze etwa 25 Minuten köcheln lassen. Inzwischen das Fenchelgrün wiegen, vor Ende der Kochzeit unterrühren und den Eintopf mit Galgant, Pfeffer und Salz abschmecken.

Zwischenmahlzeit nachmittags

Radieschenbrot mit Kresse

*1 Scheibe Dinkelbrot oder anderes Vollkornbrot · 1 – 2 TL Butter
½ Kästchen Kresse · einige Radieschen
weißer Pfeffer · Salz*

Das Brot mit Butter bestreichen. Die Kresse abschneiden, grob wiegen und auf das Brot streuen. Die Radieschen waschen, trockentupfen, putzen und in Scheiben schneiden. Schuppenartig auf das Brot legen und mit Pfeffer und Salz würzen.

Abendessen

Thunfischsalat

50 g Naturreis (Rohgewicht) · 1 TL Butter · Salz
1 EL Erbsen (TK-Ware) · 1 kleine Zwiebel · einige Blätter Kopfsalat (oder
Eichblattsalat) · ½ gelbe Paprikaschote · 75 g Mozzarella
50 g Thunfisch (naturell, in Salzlake, Abtropfgewicht)
einige schwarze Oliven · 1 EL Zitronensaft · 1 Tl Sonnenblumen- oder
Sojaöl · schwarzer Pfeffer aus der Mühle

Den Reis kalt überbrausen und abtropfen lassen. Die Butter in einem Topf erhitzen, den Reis darin unter Rühren 2 Minuten glasig werden lassen, dann 100 ml Wasser und etwas Salz dazugeben und den Reis bei mittlerer Hitze zugedeckt etwa 10 Minuten kochen. Die Erbsen dazugeben und weitere 10 Minuten mitgaren. Das Ganze auf ein Sieb schütten, kalt abschrecken und gut abtropfen lassen. Inzwischen die Zwiebel abziehen und in schmale Ringe schneiden. Die Salatblätter waschen, trockenschütteln, putzen und in mundgerechte Stücke pflücken. Die Paprikahälfte waschen, mit Küchenkrepp abtrocknen, die Kerne und die weißen Innenteile entfernen und das Fruchtfleisch in feine Streifen schneiden. Den Mozzarella abtropfen lassen und in Würfelchen schneiden. Den Thunfisch ebenfalls abtropfen lassen, dann in mundgerechte Stücke pflücken. Die Salatblätter zusammen mit den Paprikastreifen, der Reismischung, den Oliven, dem Käse und den Thunfischstücken in einer Schüssel locker mischen. Den Zitronensaft zusammen mit dem Öl verrühren, die Sauce mit Pfeffer und Salz würzen und über den Salat träufeln.

Tip: Dazu schmeckt Brot, das man leicht toastet und warm serviert.

Frühstück

Habermus mit Himbeeren

*60 g Dinkelschrot, Dinkelgrütze oder Dinkelflocken · 150 ml Wasser
1 TL Honig · Galgantpulver · Bertrampulver · Zimtpulver
100 g Himbeeren (evtl. TK-Ware) · 1 TL gehackte Mandeln
1 TL Flohsamen · 1 TL Zitronensaft*

Den Dinkel in das Wasser einrühren und unter Rühren aufkochen. Den Honig und die Gewürze dazugeben und das Ganze zugedeckt bei schwacher Hitze etwa 8 Minuten kochen lassen. Zwischendurch umrühren. Die Himbeeren waschen, abtropfen lassen und mit Küchenkrepp etwas abtupfen. TK-Ware auftauen lassen. Die Beeren unter das Dinkelmus mischen. Die Mandeln, den Flohsamen und den Zitronensaft untermischen und das Habermus mit Honig abschmecken. Warm servieren.

Zwischenmahlzeit vormittags

Käsebrötchen

1 Dinkelbrötchen · 1 TL Butter · 2 Scheiben schwäbischer Raclette (ca. 50 g) · Paprikapulver edelsüß · 1 Prise grob gemahlener Mutterkümmel

Das Brötchen quer durchschneiden und eine Seite mit Butter bestreichen. Den Käse darauf legen, mit Paprika und Mutterkümmel würzen und die zweite Brötchenhälfte darauf klappen.

Tip: Dazu schmeckt Früchte- oder Kräutertee.

Mittagessen

Zanderfilet mit Basilikumsauce

150 g Zanderfilet · 2 EL Zitronensaft · weißer Pfeffer · Salz
150 g Tomaten · 150 g Paprikaschoten · 1 kleine Knoblauchzehe
1 TL Sonnenblumen- oder Sojaöl · 1 TL Butter · 1 EL feines Dinkelmehl
1 Schuß Sahne · 75 ml Gemüsefond (aus dem Glas)
einige frische Zweige Basilikum
40 g schwäbischer Raclette in Scheiben

Das Zanderfilet kalt abbrausen, abtupfen, dann mit Zitronensaft rundherum einreiben. Etwa 3 Minuten durchziehen lassen, dann wieder abtupfen und mit Pfeffer und Salz würzen. Die Tomaten waschen, abtrocknen, halbieren, die Stielansätze herausschneiden und die Tomatenhälften in Scheiben oder Spalten schneiden. Die Paprikaschoten waschen, trockenreiben, halbieren, Stielansätze, Kerne und weiße Innenteile entfernen und das Fruchtfleisch in Streifen schneiden. Die Knoblauchzehe abziehen und sehr fein wiegen. Den Backofen auf 180° C vorheizen und eine Gratinform mit etwas Öl ausstreichen. Das Fischfilet hineinlegen und mit Tomaten und Paprika bedecken. Den Knoblauch darauf verteilen und das Ganze mit Pfeffer und Salz würzen. Das restliche Öl darauf träufeln und das Gericht offen im Backofen auf mittlerer Einschubleiste etwa 30 Minuten garen. Inzwischen die Sauce zubereiten: Die Butter in einer Kasserolle erhitzen, das Mehl darüberstäuben und unter Rühren hell anschwitzen. Mit der Sahne ablöschen, gut durchrühren und unter Rühren den Gemüsefond dazugeben. Die Sauce unter Rühren aufkochen lassen und bei schwacher Hitze 5 Minuten durchköcheln. Das Basilikum waschen, trockenschütteln und die Blättchen fein wiegen. In die Sauce geben und kurz mitgaren. Den Käse in Streifen schneiden und in die Sauce geben. Die Sauce mit dem Fischfilet anrichten.

Tip: Dazu passen Reis, Dinkelreis oder Kartoffelpüree.

Zwischenmahlzeit nachmittags

Quarkbrot mit Apfelmus

1 Scheibe Vollkornbrot · 2 – 3 EL Magerquark · 2 EL Apfelmus (Rezept siehe Seite 55) · Zimtpulver nach Geschmack

Das Brot mit Quark dick bestreichen und darauf das Apfelmus verteilen. Nach Geschmack mit Zimt bestreuen.

Abendessen

Sommersalat mit Beeren und Käse

einige Blätter verschiedener Blattsalate (Kopfsalat, Eisbergsalat, Eichblattsalat, evtl. auch Feldsalat) · 100 g gemischte Beeren 1 EL Schnittlauchröllchen · 1 EL fein gewiegte Petersilie · 1 EL fein gewiegte Kresse · 75 g schwäbischer Raclette · 100 g Rhabarber 1 – 2 TL Honig · 3 EL trockener Weißwein oder Wasser · 1 EL Sahne 2 EL Naturjoghurt (3,5 % Fett) · weißer Pfeffer · Salz

Den Salat waschen, trockenschleudern und die Blätter zerteilen. Beeren waschen, gut abtropfen lassen und mit den Salatblättern anrichten. Die Kräuter darüberstreuen. Käse fein würfeln und ebenfalls darüberstreuen. Rhabarber waschen und schälen. Enden abschneiden und das Fruchtfleisch fein würfeln. Die Hälfte der Würfel beiseite stellen, die andere mit dem Honig in einen Topf geben. Weißwein oder Wasser dazugeben und alles etwa 10 Minuten offen bei milder Hitze dünsten. Durch ein Haarsieb streichen, dann die restlichen Rhabarberwürfel dazugeben und aufkochen lassen. Das Mus unter Rühren abkühlen lassen, Sahne und Joghurt untermischen und die Sauce mit Pfeffer und Salz abschmecken. Über den Salat verteilen.

6. Tag

Frühstück

Überbackenes Ananas-Dinkelbrötchen

1 längliches Dinkelbrötchen · 1 TL Butter · 2 kleine Scheiben Ananas aus der Dose (à 30 g) · 50 g schwäbischer Raclette in Scheiben

Den Grill vorheizen oder den Backofen auf 200° C vorheizen. Das Brötchen quer durchschneiden und die Butter dünn auf beide Hälften streichen. Die Ananasscheiben in Viertel schneiden und auf die Brötchenhälften verteilen. Die Käsescheiben so zurechtschneiden, daß sie die Ananasstücke bedecken und sie darauf anordnen. Die Brötchenhälften im Grill oder Backofen (mittlere Einschubleiste) überbacken, bis der Käse schmilzt.

Zwischenmahlzeit vormittags

Ananasjoghurt

*2 kleine Scheiben Ananas aus der Dose (à 35 g) · 1 EL Dinkelflocken
1 Becher (150 g) Naturjoghurt (3,5 % oder 1,5 % Fett)
Honig oder Apfeldicksaft nach Geschmack*

Die Ananasscheiben gut abtropfen lassen und kleinschneiden. Zusammen mit den Dinkelflocken in eine Schüssel geben und den Joghurt untermischen. Das Ganze nach Geschmack mit Honig oder Apfeldicksaft abschmecken.

Variation: Je nach Saison können Sie auch eine Orange oder Grapefruit verwenden.

Mittagessen

Gratinierte Zucchinischiffchen

200 g Zucchini · 75 g Karotten · 75 g Kohlrabi · 1 Tomate
½ kleine Zwiebel · ½ kleine Knoblauchzehe
75 g schwäbischer Raclette · 1 EL Sonnenblumen- oder Sojaöl
1 EL fein gewiegte Petersilie · 1 TL frische Thymianblättchen
weißer Pfeffer aus der Mühle · 1 Prise Galgantwurzel · Salz
1 Zweig frisches Basilikum

Das Gemüse waschen und trockentupfen. Von den Zucchini die Enden knapp abschneiden, das Gemüse der Länge nach halbieren und die Hälften mit einem Teelöffel so aushöhlen, daß noch ein 1 cm dicker Rand stehen bleibt. Das Zucchinifleisch fein würfeln. Die Karotten und das Kohlrabistück schälen und fein würfeln. Die Tomate halbieren, den Stielansatz herausschneiden und das Fruchtfleisch fein würfeln. Die Zwiebel- und Knoblauchhälfte abziehen und fein würfeln. Den Käse in schmale Streifen schneiden. Das Öl in einer beschichteten Pfanne erhitzen und die Zwiebel- und Knoblauchwürfel darin glasig werden lassen. Die restlichen Gemüsewürfel dazugeben und das Ganze unter gelegentlichem Wenden 5 Minuten bei milder Hitze dünsten. Die Kräuter untermischen und das Gemüse mit Pfeffer, Galgant und Salz würzen. Den Backofen auf 180° C vorheizen. Die Zucchinihälften in eine flache, hitzefeste Form setzen, mit der Gemüsemischung füllen und die Käsestreifen darauf verteilen. Im Backofen auf mittlerer Einschubleiste etwa 25 Minuten überbacken.

Tip: Dazu paßt Dinkelreis oder Dinkelkernotto. Unter »Dinkelreis« versteht man Dinkelkörner, die wie Reis zubereitet werden. Dinkelkernotto wird aus geschälten Dinkelkörnern zubereitet. Sie werden ebenfalls wie Reis gekocht, sind aber schneller gar als ungeschälter Dinkel.

Zwischenmahlzeit nachmittags

Bananenshake

*1 vollreife Banane · 1 TL Zitronensaft · 1 TL zarte Haferflocken
150 g fettarmer Kefir, gut gekühlt · 1 – 2 TL Honig oder Apfeldicksaft*

Die Banane schälen, kleinschneiden und zusammen mit dem Zitronensaft und den Haferflocken in ein Rührgefäß geben. Mit einem Passierstab fein pürieren, den Kefir untermischen und das Ganze mit Honig oder Apfeldicksaft süßen. In ein Glas füllen.

Abendessen

Kräutersuppe und gebackene Pilze

FÜR DIE KRÄUTERSUPPE:
*1 kleine Zwiebel · 1 TL Butter · 1 Bund Kerbel · 2 EL fein gewiegte
Petersilie · 1 EL fein gewiegter Dill · 1 TL feines Dinkelmehl
50 g Sahne · 250 ml Gemüse- oder Fleischbrühe · weißer Pfeffer
1 Prise Galgantpulver oder geriebene Muskatnuß
Salz nach Geschmack · 1 Scheibe Mehrkorntoastbrot
wenig Butter zum Bestreichen · ½ TL Fermentgetreidegranulat*

Die Zwiebel abziehen und fein würfeln. In einem weiten Topf die Butter erhitzen, die Zwiebelwürfel darin anschwitzen. Den Kerbel waschen, gut trockenschütteln, dann samt den Stielen fein wiegen. Den Kerbel zusammen mit der Petersilie und dem Dill zu den Zwiebeln geben. Kurz andünsten, dann das Mehl darüberstäuben und das Ganze unter Rühren anschwitzen. Den Topf vom Herd nehmen, die Schwitze mit Sahne ablöschen, gut verrühren dann wieder auf die Herdplatte setzen und die Brühe nach und nach unter Rühren angießen. Die Flüssigkeit glattrühren und 5 Minuten bei schwacher Hitze unter Rühren köcheln lassen. Mit einem Passierstab pürieren, dann mit Pfeffer, Galgant oder Muskat und Salz abschmecken. Das Brot toasten, eine Seite dünn mit Butter bestreichen und mit Fermentgetreide bestreuen. Das Brot in kleine Rauten oder Würfel schneiden und auf die Suppe streuen.

Tip: Fermentgetreidegranulat wird aus Vollkornbrot (Weizen, Roggen und Hafer) hergestellt. Man erhält es in Bäckereien und im Reformhaus.

FÜR DIE GEBACKENEN PILZE:
*200 g Pfifferlinge (frisch oder aus der Dose) oder andere frische Waldpilze oder frische Champignons · 1 Frühlingszwiebel · 1 EL Butter
2 EL fein gewiegte Petersilie · 1 EL Schnittlauchröllchen
frischer Thymian · 50 g schwäbischer Raclette · 1 Ei (Gewichtsklasse M)
2 EL Milch · ½ kleine Knoblauchzehe · weißer Pfeffer aus der Mühle
1 Prise Bertrampulver · Salz*

Die Pilze putzen, falls nötig waschen, dann mit Küchenkrepp trockentupfen und in Scheiben schneiden. Die Frühlingszwiebel waschen, trockentupfen, die Wurzelenden und das obere Drittel der Halme wegschneiden, die Halme und den Zwiebelkörper in feine Ringe schneiden. Die Butter in einer beschichteten Pfanne erhitzen. Die Pilze, die Frühlingszwiebel, Petersilie und Schnittlauch hineingeben. Den Thymian waschen, trockentupfen, die Blättchen von den Stielen zupfen und hinzugeben. Die Mischung andünsten. Den Käse fein würfeln und untermischen, dann das Ganze in eine hitzefeste Form füllen. Das Ei zusammen mit der Milch verquirlen, die Knoblauchhälfte abziehen und durch eine Presse dazudrücken und die Masse mit Pfeffer, Bertram und Salz würzen. Die Ei-Milch-Mischung über die Pilze geben und alles im Backofen oder unter dem Grill 10 Minuten backen, bis die Oberfläche goldgelb ist.

7. Tag

Frühstück

Dinkelbrötchen mit Kräuterquark, Pumpernickel mit Honig

100 g Magerquark · 1 EL Naturjoghurt (3,5 % oder 1,5 % Fett)
1 EL Sahne · ½ kleine Zwiebel · 3 EL fein gewiegte Kräuter
(Schnittlauch, Dill, Kerbel) · 1 Prise Bertram · weißer Pfeffer · Salz
1 Dinkelbrötchen · 1 Scheibe Pumpernickel · 1 TL Butter · 1 TL Honig

Quark mit Joghurt und Sahne glattrühren. Zwiebelhälfte abziehen, fein würfeln und mit den Kräutern untermischen. Den Quark würzen und auf beide Brötchenhälften verteilen. Die Pumpernickelscheibe mit Butter und Honig bestreichen.

Tip: Dazu paßt Dinkelkaffee oder Früchtetee.

Zwischenmahlzeit vormittags

Ananasdrink

2 kleine Scheiben Ananas aus der Dose (à 35 g) · 1 TL Weizenkeime
oder Fermentgetreide · 1 TL Zitronensaft
150 g fettarmer Kefir, gut gekühlt · 1 – 2 TL Honig

Ananasscheiben gut abtropfen lassen, kleinschneiden und mit Weizenkeimen oder Fermentgetreide und Zitronensaft in ein Rührgefäß geben. Mit einem Passierstab fein pürieren, dann den Kefir kräftig untermixen und den Drink mit Honig abschmecken.

Mittagessen

Lammpfanne

150 g Lammfleisch · 1 Zwiebel · 1 Knoblauchzehe · 2 EL Sonnenblumen- oder Sojaöl · schwarzer Pfeffer · Galgantwurzel · Bertram Salz · 200 g Kartoffeln (fest kochende Sorte) · ½ TL getrockneter Majoran frischer Thymian · 175 g Weißkraut · 1 Msp. grob gemahlener Kümmel

Lammfleisch in feine Streifen schneiden. Zwiebel in Ringe schneiden und Knoblauch fein wiegen. 1 EL Öl in einer Pfanne erhitzen. Fleisch scharf anbraten, Zwiebel und Knoblauch dazugeben und gut andünsten. Würzen, aus der Pfanne nehmen. Die Kartoffeln waschen, schälen und in Scheiben schneiden. Das restliche Öl in der Pfanne erhitzen, Kartoffelscheiben anbraten, wenden und mit Majoran, Pfeffer und Salz würzen. Thymian unter die Kartoffeln mischen und zugedeckt 10 Minuten garen. Weißkraut putzen, fein hobeln. Zu den Kartoffelscheiben geben und mit Kümmel bestreuen. Das Gemüse weitere 10 Minuten garen, wenden und die Brühe angießen. Die Lamm-Zwiebel-Mischung unter das Gemüse mengen, das Ganze nochmals erhitzen, abschmecken und dann servieren.

Zwischenmahlzeit nachmittags

Himbeereis

100 g Himbeeren (frisch oder TK) · 1 EL Honig · 1 TL fein gewiegte Mandeln · 75 g Sahne

Himbeeren waschen, putzen und pürieren. Mus durch ein feines Sieb streichen und mit Honig und Mandeln verrühren. Sahne steif schlagen, darunterrühren und einige Stunden frosten.

Abendessen

Kohlrabi mit Hähnchenfüllung

*1 Kohlrabi · 100 g Champignons · ½ kleine Zwiebel
75 g Hähnchenbrustfilet · 1 Stückchen Hähnchenleber (ca. 30 g)
2 EL Sonnenblumen- oder Sojaöl · weißer Pfeffer · Salz
75 ml Geflügelfond (aus dem Glas) · 75 g Sahne
1 Spritzer Zitronensaft · 1 EL trockener Sherry · 1 TL Tomatenmark*

Die Kohlrabiknolle waschen, die Blätter abschneiden. Nur die innersten zarten Blätter und Stiele aufheben und beiseite legen. Die Kohlrabiknolle schälen, oben einen flachen Deckel abschneiden und aushöhlen. Das Kohlrabifleisch fein würfeln und die zarten Blätter fein wiegen. Die Pilze waschen, trockentupfen, falls nötig putzen, dann fein wiegen. Die Zwiebelhälfte abziehen und fein würfeln. Das Hähnchenfleisch und die Leber fein wiegen. 1 EL Öl in einer beschichteten Pfanne erhitzen, die Kohlrabiwürfel, das Kohlrabigrün, die Zwiebel und die Champignons etwa 10 Minuten bei milder Hitze dünsten. Das Gemüse herausnehmen, das restliche Öl in der Pfanne erhitzen und das Hähnchenfleisch und die Leber darin anbraten. Pfeffern und salzen, dann das gedünstete Gemüse untermischen. In einem Topf Wasser aufkochen und die ausgehöhlte Kohlrabiknolle samt Deckel etwa 8 Minuten garen. Mit einer Schaumkelle herausnehmen, umgedreht etwas abtropfen lassen, dann innen mit Pfeffer und Salz würzen. Die Hähnchen-Gemüsemischung einfüllen, den Rest in eine hitzefeste Form geben, Kohlrabi in die Mitte setzen und den Deckel auflegen. Den Backofen auf 180° C vorheizen. Den Geflügelfond, die Sahne, den Zitronensaft und den Sherry miteinander verrühren, das Tomatenmark unterziehen und die Sauce mit Pfeffer und Salz abschmecken. Über den Kohlrabi gießen und das Ganze offen unter dem Grill oder im Backofen (mittlere Einschubleiste) etwa 10 Minuten braten.

Literatur

Quellen:

Aljoscha A. Schwarz/ Ronald P. Schweppe: Hildegard-Medizin, mvg-Paperbacks Landsberg am Lech, 1996
Dr. Gottfried Hertzka/ Dr. Wighard Strehlow: Küchengeheimnisse der Hildegard-Medizin, Barer-Verlag Freiburg, 1997
Dr. Wighard Strehlow: Die Ernährungstherapie der heiligen Hildegard, Bauer-Verlag Freiburg, 1995
Eva Schirmer: Mystik und Minne im Mittelalter, Panorama-Verlag Wiesbaden

Weiterführende Literatur:

Dr. Gottfried Hertzka/ Dr. Wighard Strehlow: Große Hildegard-Apotheke, Bauer-Verlag Freiburg, 1995
Peter Pukownik: Hl. Hildegard – Migräne und Kopfschmerz, Pattloch-Verlag Augsburg, 1997
Liselotte von Eltz-Hoffmann: Hildegard von Bingen – Kräuterbüchlein für Leib und Seele, Quell-Verlag Stuttgart, 1996

Rezeptregister nach Sachgruppen

Frühstück

Ananas-Dinkel-Brötchen, überbackenes 218
Arme Ritter 57
Dinkelbrötchen mit Kräuterquark 222
Dinkelbrot mit Frischkäse 56
Dinkelbrot mit pochiertem Ei 56
Dinkel-Doppeldecker, gebratene 58
Dinkelflockenbrei 52
Dinkelgrießsuppe 54
Dinkelgrütze mit Brombeeren 53
Dinkelhabermus, Hildegards 52
Dinkelhabermus mit Äpfeln 203
Dinkelkaffee 59
Dinkelmüsli mit Milch 57
Dinkelpfannkuchen, herzhafte 212
Dinkelpfannkuchen mit Apfelmus 55
Dinkelsuppe mit Kerbel, pikante 54
Habermus mit Himbeeren 215
Habermus mit Rosinen und Nüssen 209
Haferflockenbrei mit Äpfeln 53
Pumpernickel mit Honig 222
Toastbrot mit Birnen und Käse 206

Zwischenmahlzeiten

Ananasdrink 222
Ananasjoghurt 218
Ananasjoghurt, kerniger 65
Apfel-Zimt-Dickmilch 67
Bananenquark 65, 212
Bananensalat 205
Bananenshake 220
Brot mit geräucherter Putenbrust, belegtes 63
Camembertbrot, buntes 63
Dinkelbrot mit Frischkäse und Radieschen 62
Dinkelreis mit Kirschen 64
Frischkäse mit Kräutern 209
Hagebuttenjoghurt 67
Himbeerbuttermilch 66
Himbeereis 223
Honigbrot mit Sesam 211
Käsebrötchen 215
Kefirmix, würziger 206
Kräuterkefir 66
Pumpernickeljoghurt 204
Quarkbrot mit Apfelmus 217
Radieschenbrot 207
Radieschenbrot mit Kresse 213
Rettichbrot 207
Romadur mit Brot, angemachter 62
Sahnedickmilch mit roter Grütze 64

Suppen und Eintöpfe

Beeftea für Kranke 73
Bohneneintopf mit Leberknödeln, grüner 85
Champignoncremesuppe 78
Fenchelcremesuppe mit Dinkelcroutons 76
Fenchel-Lamm-Eintopf 83
Gemüsesuppe, klare 74
Gurkencremesuppe mit Dill 82
Hühnerbrühe 71
Kalbsbrühe, kräftige 70
Kalbsbrühe mit Grießnockerln 70
Karotten-Dinkel-Suppe, klare 75

Karottencremesuppe 75
Kichererbseneintopf 84
Kräutersüppchen, feines 81
Kürbissuppe, süß-sauer 80
Rindfleischsuppe 72
Rote-Bete-Cremesuppe mit
  Sauerrahm 76
Rote-Bete-Eintopf 82
Selleriecremesuppe mit Quendel
  77
Spargelcremesuppe 78
Spinatsuppe mit Dinkel 79
Zwiebelsuppe nach französischer
  Art 80

**Kalte und warme
Vorspeisen**

Camembertsoufflé mit Rote-Bete-
  Carpaccio 88
Eier in Kräutersauce mit Toast
  92
Fenchel mit Spinatfüllung 96
Gemüse in Bierteig, fritiertes 93
Omelette mit Pilzen 89
Putenröllchen mit Spargel 92
Spinatpäckchen mit Käse 94
Toast »Hawaii« 90
Tomaten mit Dinkelreis,
  gefüllte 91
Tomaten mit Mozzarella und
  Basilikum 95
Zucchiniblüten, gefüllte 90
Zucchini mit Kräuterricotta 94

Salate

Bataviasalat mit Kresse und
  gebratenen Zwiebeln 103
Blumenkohlsalat 107
Bohnenkernsalat 108

Bohnen-Mais-Salat auf
  argentinische Art, roter 108
Bohnensalat mit Rindfleisch 115
Dinkel-Kopfsalat 98
Dinkelreissalat, fernöstlich 110
Dinkelreissalat mit Speck,
  warmer 109
Eichblattsalat mit Kirschtomaten 99
Eiersalat 116
Feldsalat mit Champignons 102
Feldsalat mit Feta 101
Feldsalat mit Käsestreifen 100
Feldsalat mit Orangenfilets 99
Fenchelsalat mit Äpfeln und
  Ananas 116
Geflügelsalat 117
Gurkensalat mit Dill 104
Hähnchensalat 207
Karottensalat, gekochter 105
Kartoffelsalat, altdeutscher 112
Kartoffelsalat auf leichte
  Art 114
Kartoffelsalat grüner 114
Kichererbsensalat 111
Nudelsalat mit Schinken 112
Nudelsalat, vegetarisch 113
Raukesalat mit Kirschtomaten
  und Schafkäse 104
Salat mit Pilzen und Käse 102
Selleriesalat, gekochter 106
Sommersalat mit Beeren und
  Käse 217
Spargelsalat mit Ei 106
Thunfischsalat 214

Saucen und Dips

Béchamelsauce aus Dinkelmehl
  127
Frischkäsesauce 121
Joghurtdressing 120
Käsesauce 122

Kräuterdip 125
Mayonnaise 122
Paprikadip 125
Remouladensauce 124
Sahnedressing, feines 121
Salatmayonnaise 123
Salatsauce mit Essig und Öl 120
Weiße Sauce aus Dinkelmehl 126

Hauptgerichte

Avocadosalat mit Putenbrust 211
Béchamelkartoffeln, gratinierte 154
Berner Rösti 156
Dinkelauflauf mit Gemüse 135
Dinkelbratlinge mit Kräutersauce 132
Dinkelbrotgratin mit Pilzen und Kräutern 137
Dinkel-Gemüse-Eintopf 213
Dinkel-Gemüse-Gratin 136
Dinkelgratin 134
Dinkelgrießauflauf mit Äpfeln 140
Dinkelkernotto, exotisch 133
Dinkelnocken auf Rosenkohlgemüse 208
Dinkelnudeln 144
Dinkelnudeln, grüne 145
Dinkel-Quark-Auflauf 141
Dinkelreis-Gemüse-Pfanne 130
Dinkelrösti mit Zucchini und Sauerrahm 138
Edelkastanien, glasierte 160
Eier in Kräutersauce 204
Fenchel in Kräutersauce 164
Fischgratin mit Fetakruste 183
Forellen »unter der Haube« 177
Fränkischer Weckschmarren 142
Gemüse-Dinkel-Puffer 131
Gemüsegratin mit Käsekruste 162

Goldbarschfilet à la Danicheff 178
Hackbraten mit Pilzragout 172
Hirschsteaks mit Sauerkirsch-Preiselbeer-Sauce 174
Kabeljau mit Käsekruste 182
Kalbsröllchen auf Mangold 167
Kartoffelauflauf mit Käsekruste 157
Kartoffeln, gefüllte 155
Kichererbsen-Gemüse-Bratlinge 165
Kichererbsengratin mit Fenchel 158
Kirschenmichel 143
Kohlrabi mit Hähnchenfüllung 224
Kräutersuppe und gebackene Pilze 220
Kürbis, gratinierter 161
Lammcurry 169
Lamm-Gemüse-Gratin 210
Lammkoteletts mit Bohnengemüse 166
Lammpfanne 223
Lasagne mit Pilzen und Mozzarella 149
Makrelen, gefüllte 176
Nudelgratin 153
Nudeln mit Hackfleischsauce 147
Nudeln mit Kräuter-Sahne-Sauce 148
Nudeln mit Tomatensauce 146
Nudeln nach Bauernart 152
Obatzter 205
Pfannkuchentorte 139
Putenschnitzel mit Zucchinigemüse 173
Rehgeschnetzeltes mit Waldpilzen 175
Rindergeschnetzeltes 170
Rinderrouladen mit Gemüsefüllung 171
Rotbarben mit Fenchel, gegrillte 181

Schinkennudeln 151
Schwäbische Käsespätzle 150
Seezunge nach Florentiner Art 179
Sellerie, gebratener 159
Zanderfilet mit Basilikumsauce 216
Zander in Dill-Sahne-Sauce 180
Zucchinigratin mit Feta 163
Zucchinischiffchen, gratinierte 219
Züricher Geschnetzeltes 168

Desserts

Ananas in Bierteig 192
Apfel-Dinkel-Küchle 187
Dinkelreis mit Apfelkompott 186
Gorgonzolabirnen 192

Heidelbeerparfait 189
Himbeernocken mit Sahne, geeiste 188
Kastanieneis 188
Mandelcreme 191
Quarkcreme mit Birnen 191
Schaumomelette mit Früchten 190
Überraschungskugeln 193

Brot, Brötchen und Gebäck

Dinkelbrot mit Sauerteig 199
Dinkelplätzchen 201
Dinkeltoastbrot, feines 196
Drei-Saat-Dinkelbrot 198
Mohn-, Sesam- und Kürbiskernspitzle 200
Partybrötchen 197

Alphabetisches Rezeptregister

Ananas-Dinkel-Brötchen, überbackenes 218
Ananas in Bierteig 192
Ananasjoghurt 218
Ananasjoghurt, kerniger 65
Ananasdrink 222
Apfel-Dinkel-Küchle 187
Apfel-Zimt-Dickmilch 67
Arme Ritter 57
Avocadosalat mit Putenbrust 211

Bananenquark 65, 212
Bananensalat 205

Bananenshake 220
Bataviasalat mit Kresse und gebratenen Zwiebeln 103
Béchamelkartoffeln, gratinierte 154
Béchamelsauce aus Dinkelmehl 127
Beeftea für Kranke 73
Berner Rösti 156
Blumenkohlsalat 107
Bohneneintopf mit Leberknödeln, grüner 85
Bohnenkernsalat 108

Bohnen-Mais-Salat auf argentinische Art, roter 108
Bohnensalat mit Rindfleisch 115
Brot mit geräucherter Putenbrust, belegtes 63

Camembertbrot, buntes 63
Camembertsoufflé mit Rote-Bete-Carpaccio 88
Champignoncremesuppe 78

Dinkel-Doppeldecker, gebratene 58
Dinkelauflauf mit Gemüse 135
Dinkelbratlinge mit Kräutersauce 132
Dinkelbrot mit Frischkäse 56
Dinkelbrot mit Frischkäse und Radieschen 62
Dinkelbrot mit pochiertem Ei 56
Dinkelbrot mit Sauerteig 199
Dinkelbrötchen mit Kräuterquark, Pumpernickel und Honig 222
Dinkelbrotgratin mit Pilzen und Kräutern 137
Dinkelflockenbrei 52
Dinkel-Gemüse-Eintopf 213
Dinkel-Gemüse-Gratin 136
Dinkelgratin 134
Dinkelgrießauflauf mit Äpfeln 140
Dinkelgrießsuppe 54
Dinkelgrütze mit Brombeeren 53
Dinkelhabermus, Hildegards 52
Dinkelhabermus mit Äpfeln 203
Dinkelkaffee 59
Dinkelkernotto, exotisch 133
Dinkel-Kopfsalat 98
Dinkelmüsli mit Milch 57
Dinkelnocken auf Rosenkohlgemüse 208
Dinkelnudeln 144
Dinkelnudeln, grüne 145

Dinkelpfannkuchen mit Apfelmus 55
Dinkelpfannkuchen, herzhafte 212
Dinkelplätzchen 201
Dinkel-Quark-Auflauf 141
Dinkelreis mit Apfelkompott 186
Dinkelreis mit Kirschen 64
Dinkelreis-Gemüse-Pfanne 130
Dinkelreissalat, fernöstlich 110
Dinkelreissalat mit Speck, warmer 109
Dinkelrösti mit Zucchini und Sauerrahm 138
Dinkelsuppe mit Kerbel, pikante 54
Dinkeltoastbrot, feines 196
Drei-Saat-Dinkelbrot 198

Edelkastanien, glasierte 160
Eichblattsalat mit Kirschtomaten 99
Eier in Kräutersauce 204
Eier in Kräutersauce mit Toast 92
Eiersalat 116

Feldsalat mit Champignons 102
Feldsalat mit Feta 101
Feldsalat mit Käsestreifen 100
Feldsalat mit Orangenfilets 99
Fenchel in Kräutersauce 164
Fenchel mit Spinatfüllung 96
Fenchelcremesuppe mit Dinkelcroutons 76
Fenchel-Lamm-Eintopf 83
Fenchelsalat mit Äpfeln und Ananas 116
Fischgratin mit Fetakruste 183
Forellen »unter der Haube« 177
Fränkischer Weckschmarren 142
Frischkäse mit Kräutern 209
Frischkäsesauce 121

Geflügelsalat 117
Gemüse in Bierteig, frittiertes 93
Gemüse-Dinkel-Puffer 131

Gemüsegratin mit Käsekruste 162
Gemüsesuppe, klare 74
Goldbarschfilet à la Danicheff 178
Gorgonzolabirnen 192
Gurkencremesuppe mit Dill 82
Gurkensalat mit Dill 104

Habermus mit Himbeeren 215
Habermus mit Rosinen und Nüssen 209
Hackbraten mit Pilzragout 172
Haferflockenbrei mit Äpfeln 53
Hagebuttenjoghurt 67
Hähnchensalat 207
Heidelbeerparfait 189
Himbeerbuttermilch 66
Himbeereis 223
Himbeernocken mit Sahne, geeiste 188
Hirschsteaks mit Sauerkirsch-Preiselbeer-Sauce 174
Honigbrot mit Sesam 211
Hühnerbrühe 71

Joghurtdressing 120

Kabeljau mit Käsekruste 182
Kalbsbrühe, kräftige 70
Kalbsbrühe mit Grießnockerln 70
Kalbsröllchen auf Mangold 167
Karotten-Dinkel-Suppe, klare 75
Karottencremesuppe 75
Karottensalat, gekochter 105
Kartoffelauflauf mit Käsekruste 157
Kartoffeln, gefüllte 155
Kartoffelsalat, altdeutscher 112
Kartoffelsalat auf leichte Art 114
Kartoffelsalat, grüner 114
Käsebrötchen 215
Käsesauce 122
Kastanieneis 188
Kefirmix, würziger 206
Kichererbsen-Gemüse-Bratlinge 165

Kichererbseneintopf 84
Kichererbsengratin mit Fenchel 158
Kichererbsensalat 111
Kirschenmichel 143
Kohlrabi mit Hähnchenfüllung 224
Kräuterdip 125
Kräuterkefir 66
Kräutersüppchen, feines 81
Kräutersuppe und gebackene Pilze 220
Kürbis, gratinierter 161
Kürbissuppe, süß-sauer 80

Lamm-Gemüse-Gratin 210
Lammcurry 169
Lammkoteletts mit Bohnengemüse 166
Lammpfanne 223
Lasagne mit Pilzen und Mozzarella 149

Makrelen, gefüllte 176
Mandelcreme 191
Mayonnaise 122
Mohn-, Sesam- und Kürbiskernspitzle 200

Nudelgratin 153
Nudeln mit Hackfleischsauce 147
Nudeln mit Kräuter-Sahne-Sauce 148
Nudeln mit Tomatensauce 146
Nudeln nach Bauernart 152
Nudelsalat mit Schinken 112
Nudelsalat, vegetarisch 113

Obatzter 205
Omelette mit Pilzen 89

Paprikadip 125
Partybrötchen 197
Pfannkuchentorte 139
Pumpernickel mit Honig 222

Pumpernickeljoghurt 204
Putenröllchen mit Spargel 92
Putenschnitzel mit Zucchinigemüse 173

Quarkbrot mit Apfelmus 217
Quarkcreme mit Birnen 191

Radieschenbrot 207
Radieschenbrot mit Kresse 213
Raukesalat mit Kirschtomaten und Schafkäse 104
Rehgeschnetzeltes mit Waldpilzen 175
Remouladensauce 124
Rettich- oder Radieschenbrot 207
Rindergeschnetzeltes 170
Rinderrouladen mit Gemüsefüllung 171
Rindfleischsuppe 72
Romadur mit Brot, angemachter 62
Rotbarben mit Fenchel, gegrillte 181
Rote-Bete-Cremesuppe mit Sauerrahm 76
Rote-Bete-Eintopf 82

Sahnedickmilch mit roter Grütze 64
Sahnedressing, feines 121
Salat mit Pilzen und Käse 102
Salatmayonnaise 123
Salatsauce mit Essig und Öl 120
Schaumomelette mit Früchten 190
Schinkennudeln 151

Schwäbische Käsespätzle 150
Seezunge nach Florentiner Art 179
Sellerie, gebratener 159
Selleriecremesuppe mit Quendel 77
Selleriesalat, gekochter 106
Sommersalat mit Beeren und Käse 217
Spargelcremesuppe 78
Spargelsalat mit Ei 106
Spinatpäckchen mit Käse 94
Spinatsuppe mit Dinkel 79

Thunfischsalat 214
Toast »Hawaii« 90
Toastbrot mit Birnen und Käse 206
Tomaten mit Dinkelreis, gefüllte 91
Tomaten mit Mozzarella und Basilikum 95

Überraschungskugeln 193

Weiße Sauce aus Dinkelmehl 126

Zander in Dill-Sahne-Sauce 180
Zanderfilet mit Basilikumsauce 216
Zucchini mit Kräuterricotta 94
Zucchinigratin mit Feta 163
Zucchiniblüten, gefüllte 90
Zucchinischiffchen, gratinierte 219
Züricher Geschnetzeltes 168
Zwiebelsuppe nach französischer Art 80